CUCINA SANA PER PIGRI

Piatti gustosi, semplici e sani in soli 10 minuti

INTRODUZIONE

Nel mondo frenetico di oggi, spesso ci ritroviamo con poco tempo a disposizione. Tra lavoro, famiglia, vita sociale e impegni personali, sembra quasi impossibile dare priorità a qualcosa di fondamentale come la nostra alimentazione. Molti di noi ricorrono a soluzioni rapide, a pasti confezionati o a scelte alimentari sbagliate, tutto in nome del risparmio di tempo. Ma se ti dicessimo che puoi preparare un pasto sano e delizioso nello stesso tempo necessario per ordinare una pizza?

Benvenuto a "***Cucina sana per pigri***"!
Questo libro è una guida pratica pensata appositamente per chi è spesso troppo impegnato o troppo stanco per cucinare pasti elaborati. Se per mancanza di tempo o di abilità culinarie ti ritrovi spesso ad affidarti a cibi da asporto o preconfezionati, questo libro è perfetto per te.

In questo libro esploriamo il concetto di cucina veloce e sana. Approfondiamo l'importanza di un'alimentazione sana, ti forniamo consigli per ottimizzare il tempo e l'efficienza in cucina e ti guidiamo a fare scelte alimentari migliori, anche quando sei di fretta. Soprattutto, ti offriamo un repertorio di oltre 80 ricette veloci, semplici e nutrienti che non solo fanno bene al tuo corpo ma sono anche piacevoli per il tuo palato.

Dalle colazioni veloci e salutari per affrontare la giornata, ai pranzi soddisfacenti che puoi preparare in pochi minuti, fino alle cene sostanziose che richiedono uno sforzo e un tempo minimi, abbiamo pensato a te. Inoltre, abbiamo incluso alcuni spuntini sani e facili da preparare che potrai sgranocchiare quando i morsi della fame si faranno sentire tra un pasto e l'altro.

Ogni ricetta di questo libro viene fornita con un dettagliato elenco degli ingredienti, chiare istruzioni che seguono un passo-passo, indicazione del tempo di preparazione e un indice di difficoltà. Inoltre, forniamo una stima del numero di calorie e segnaliamo se la ricetta è adatta a vegetariani o vegani.

Ricorda che mangiare sano non deve per forza essere noioso o richiedere molto tempo. Con un po' di pianificazione e le ricette giuste, puoi creare facilmente pasti gustosi e nutrienti in pochissimo tempo. Allora, sei pronto a iniziare il tuo viaggio verso uno stile di vita più sano senza passare ore in cucina? Mettiamoci ai fornelli!

ALIMENTAZIONE SANA: UNA PANORAMICA

Che cos'e il cibo sano?

Per cibo sano si intende quello che fornisce al nostro corpo i nutrienti necessari per mantenere una buona salute, supportare le funzioni corporee quotidiane e prevenire le malattie. Questi nutrienti includono proteine, carboidrati, grassi sani, vitamine, minerali e acqua. Gli alimenti sani si caratterizzano per la ricchezza di questi nutrienti essenziali e per i bassi livelli di zuccheri trasformati, grassi saturi e trans e sodio.
Mangiare sano non significa mangiare senza sapore o limitarsi a mangiare solo frutta e verdura. Comprende una varietà di alimenti appartenenti a diversi gruppi alimentari. Si tratta di una dieta equilibrata che comprende una gamma diversificata di alimenti nelle giuste proporzioni per garantire la salute generale.

Cibi sani e cibi da evitare

Gli alimenti salutari includono in genere:

Frutta e verdura: Sono ricchi di vitamine, minerali e fibre ma con poche calorie. Sono fonti eccellenti di molti dei nutrienti di cui il tuo corpo ha bisogno per funzionare in modo efficace.
Cereali integrali: Alimenti come il riso integrale, la farina d'avena, il pane integrale e la pasta integrale sono ricchi di fibre, che favoriscono la digestione e possono contribuire a ridurre il rischio di malattie cardiache.

Proteine magre: Carni magre, pollame, pesce, uova, tofu e legumi sono ottime fonti di proteine di alta qualità.

Grassi sani: alimenti come avocado, noci, semi e pesce grasso sono ricchi di grassi sani, fondamentali per il funzionamento del cervello e per l'assorbimento di specifiche vitamine.

Latticini: Scegli i latticini a basso contenuto di grassi o non grassi per la tua dose di calcio e vitamina D.

Al contrario, per una dieta sana è meglio evitare o ridurre al minimo alcuni alimenti:

Cibi trasformati: Spesso contengono alti livelli di sodio, zucchero e grassi non salutari. In genere sono poveri di nutrienti e ricchi di calorie.

Bevande zuccherate: Bevande come la soda, il tè dolce e alcune bevande a base di frutta sono spesso cariche di zuccheri e offrono uno scarso valore nutrizionale.

Grassi trans e saturi: si trovano in alimenti come il burro, la margarina, le carni grasse e molti cibi elaborati. Possono aumentare i livelli di colesterolo e il rischio di malattie cardiache.

Cibi ad alto contenuto di sodio: Gli alimenti ricchi di sale possono aumentare la pressione sanguigna. Tra questi ci sono alcuni cibi in scatola, lavorati e veloci.

Dolci e snack ricchi di zucchero: Sebbene possano avere un buon sapore, forniscono uno scarso valore nutrizionale e possono portare a un aumento di peso e ad altri problemi di salute.

Ricorda che il segreto di un'alimentazione sana è la moderazione. Non si tratta di eliminare completamente alcuni alimenti, ma piuttosto di creare una dieta equilibrata che favorisca la tua salute e il tuo benessere.

I benefici di una dieta sana

L'adozione di una dieta sana è una delle scelte di vita più efficaci che si possano fare per promuovere la salute e il benessere generale. I benefici di una dieta sana sono molteplici e spaziano dalla salute fisica al benessere mentale. Ecco alcuni dei motivi più convincenti per mangiare sano:

Promuove una crescita e uno sviluppo ottimali: Una dieta nutriente è fondamentale nei periodi di rapida crescita e sviluppo, come l'infanzia e l'adolescenza. È fondamentale anche in altre fasi della vita, come la gravidanza.

Favorisce la salute e la longevità: Una dieta ricca di frutta, verdura, proteine magre e cereali integrali può aiutare a ridurre il rischio di diverse malattie croniche, tra cui malattie cardiache, ictus, alcuni tipi di cancro, diabete e osteoporosi.

Aiuta a mantenere il peso forma: Consumare il giusto equilibrio di calorie provenienti da vari alimenti può aiutarti a mantenere un peso sano. L'obesità e il sovrappeso, associati al consumo di cibi elaborati e ipercalorici, possono portare a malattie croniche come il diabete e le patologie cardiache.

Aumenta le difese immunitarie: Alcuni nutrienti, tra cui proteine, vitamine A, C ed E e minerali come lo zinco, sono fondamentali per mantenere e rafforzare il sistema immunitario. Questi nutrienti sono abbondanti in una dieta sana ed equilibrata.

Migliora la salute del cervello e l'umore: una dieta sana supporta la funzione cerebrale e può avere un effetto profondo sulla tua salute mentale. Nutrienti come gli acidi grassi omega-3, le vitamine del gruppo B e gli antiossidanti favoriscono la salute del cervello, mentre una dieta ricca di zuccheri raffinati può influire negativamente sulle funzioni cerebrali e sull'umore.

Supporta la salute dell'apparato digerente: Gli alimenti ricchi di fibre, come frutta, verdura e cereali integrali, possono aiutare a migliorare la salute dell'apparato digerente e a prevenire problemi come la stitichezza e la malattia diverticolare.
Promuove la salute di pelle e capelli: sostanze nutritive come la vitamina C, i grassi sani e l'acqua sono essenziali per mantenere sani pelle e capelli. Una dieta carente di questi elementi può portare a problemi come pelle secca, capelli opachi e invecchiamento precoce.
Una dieta sana non significa solo mantenere un peso ideale o evitare alcune malattie; si tratta di migliorare la qualità della vita, aumentare i livelli di energia, sostenere la salute mentale e promuovere il benessere generale. Incorporando una varietà di alimenti nutrienti nei tuoi pasti quotidiani, farai un investimento inestimabile per la tua salute.

E possibile cucinare piatti sani in soli 10 minuti?

È assolutamente possibile creare pasti nutrienti e deliziosi in 10

minuti o meno! Anche se all'inizio può sembrare un compito scoraggiante, soprattutto se sei alle prime armi in cucina, con gli ingredienti, gli strumenti e le ricette giuste diventa semplice e fattibile.
L'idea errata che la cucina sana richieda troppo tempo deriva dall'idea che i cibi sani debbano essere preparati da zero, che richiedano una moltitudine di ingredienti o che necessitino di tecniche di cottura complesse. Anche se queste ricette esistono e hanno il loro posto nel mondo culinario, non sono una rappresentazione accurata di ciò che deve essere la cucina sana di tutti i giorni.
Una cucina veloce e sana si basa su alcuni semplici principi:

Semplicità: Spesso le ricette più semplici sono le più sane. Puoi creare un pasto nutriente con una manciata di ingredienti. Ad esempio, un piatto di pollo alla griglia, broccoli al vapore e quinoa è facile da preparare, è nutriente e può essere fatto in meno di 10 minuti.

Pianificazione: Avere un menu settimanale ben pianificato e una dispensa fornita può ridurre drasticamente il tempo necessario per preparare i pasti. Sapere in anticipo cosa cucinerai elimina la necessità di fare la spesa all'ultimo minuto o di perdere tempo a decidere cosa cucinare.

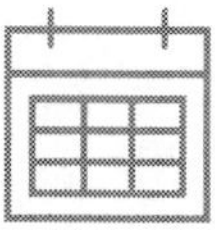

Acquisti intelligenti: Compra verdure pretagliate, fagioli in scatola, cereali cotti e altri ingredienti pronti all'uso per risparmiare tempo. Anche se il fresco è la cosa migliore, queste opzioni possono far risparmiare tempo e sono molto più salutari del ricorso al fast food o a pasti altamente elaborati.

Metodi di cottura efficienti: Alcuni metodi di cottura sono più veloci di altri. La cottura a vapore, il soffritto, la griglia e il microonde sono tutti metodi rapidi per preparare il cibo.

Multitasking: Mentre il piatto principale sta cuocendo, usa questo tempo per preparare un'insalata veloce o per riscaldare le verdure avanzate. Con un po' di pratica, puoi programmare le diverse parti del tuo pasto in modo che finiscano contemporaneamente.

In definitiva, la fattibilità dei pasti in 10 minuti dipende dal tuo approccio alla pianificazione e alla preparazione dei pasti. Con le giuste strategie e la pratica, scoprirai che cucinare in modo sano può essere veloce, accessibile e piacevole.

Esempi reali di pasti veloci e salutari

La teoria di preparare pasti sani in 10 minuti o meno può sembrare buona, ma diamo un'occhiata ad alcuni esempi reali che dimostrano che è del tutto fattibile.

Ciotola di quinoa vegetariana saltata in padella: I soffritti sono veloci, semplici e versatili. In questo piatto, salta le verdure già tagliate (che puoi acquistare in qualsiasi supermercato) in olio d'oliva, aggiungi la quinoa cotta, insaporisci con le tue erbe o spezie preferite e voilà! In meno di 10 minuti avrai un pasto ricco di fibre e proteine.

Piadina di avocado e tonno: Questo pasto veloce combina i grassi salutari dell'avocado con le proteine magre del tonno. Aggiungi dei pomodori a pezzetti e una spruzzata di limone e avvolgi il tutto in una piadina integrale per un pranzo veloce e deliziosamente nutriente.

Semifreddo di yogurt greco: Per una colazione o uno spuntino super veloce, metti in un bicchiere yogurt greco, granola e frutti di bosco freschi. Questo piatto non è solo bello da vedere, ma anche ricco di proteine, fibre e antiossidanti.

Pasta al pesto di gamberi e verdure: La pasta non deve sempre essere un piatto che richiede molto tempo. Opta per la pasta integrale, i gamberi già cotti e il pesto già pronto. Mentre la pasta bolle, puoi scaldare i gamberi e le verdure in una padella con la salsa al pesto. Quando la pasta sarà pronta, anche la salsa sarà pronta.

Omelette di verdure al microonde: Sbatti due uova in una tazza adatta al microonde, aggiungi un po' di verdure tritate (come peperoni, spinaci e pomodori) e cuoci al microonde per circa 2 minuti. In un attimo avrai una colazione nutriente e ricca di proteine.

Questi sono solo alcuni esempi di come sia possibile preparare pasti sani in 10 minuti o meno. Come puoi vedere, si tratta di scelte intelligenti, un po' di creatività e un uso efficiente del tempo e degli ingredienti.

PIANIFICAZIONE INTELLIGENTE DELLA SPESA E DEI PASTI

Mantenere uno stile di vita sano va oltre la semplice scelta di pasti nutrienti. È anche necessario prendere decisioni intelligenti quando si fa la spesa e pianificare in modo efficace i pasti. Adottando strategie per una spesa intelligente e una pianificazione dei pasti, puoi ottimizzare le tue scelte alimentari, risparmiare tempo e denaro, ridurre gli sprechi di cibo e assicurarti di avere sempre a disposizione pasti nutrienti. Ora approfondiremo l'importanza di fare la spesa in modo intelligente e i vantaggi di una pianificazione efficace dei pasti, insieme a strategie pratiche che ti aiuteranno a implementare queste pratiche nella tua vita quotidiana.

L'importanza di una spesa intelligente:

a. **Fare scelte informate:** Fare la spesa in modo intelligente ti permette di prendere decisioni informate sugli alimenti che porti in casa. Leggendo le etichette degli alimenti, comprendendo le informazioni nutrizionali e facendo attenzione agli ingredienti, puoi scegliere prodotti in linea con i tuoi obiettivi di salute e le tue preferenze alimentari.

b. **Dare priorità agli alimenti ricchi di nutrienti:** Fare la spesa ti permette di rifornire la tua cucina di alimenti ricchi di nutrienti. Concentrandoti su alimenti integrali come frutta, verdura, proteine magre, cereali integrali e grassi sani, puoi creare una dieta equilibrata e nutriente che favorisca il tuo benessere generale.

c. **Evitare le tentazioni poco salutari:** I supermercati sono pieni di esposizioni allettanti di snack elaborati e dolciumi zuccherati. Con una spesa intelligente, puoi resistere a queste tentazioni malsane e attenerti alle tue scelte salutari, sostenendo così i tuoi obiettivi di benessere a lungo termine.

I vantaggi di una pianificazione efficace dei pasti:

a. **Gestione del tempo:** La pianificazione dei pasti ti fa risparmiare tempo ed energia riducendo lo stress quotidiano di decidere cosa cucinare. Con un piano pasti ben studiato, puoi semplificare il processo di cottura, ridurre al minimo il tempo in cucina e avere più tempo libero per altre attività.

b. **Riduzione dello stress:** Avere un piano dei pasti chiaro elimina la necessità di prendere decisioni all'ultimo minuto su cosa mangiare. Questo aiuta a ridurre lo stress, in quanto puoi affrontare ogni pasto con fiducia e godere di un'esperienza culinaria più rilassata.

c. **Abitudini alimentari più sane:** La pianificazione dei pasti ti permette di incorporare una varietà di alimenti nutrienti nella tua dieta. Selezionando attentamente le ricette e includendo un equilibrio di macronutrienti e micronutrienti, puoi assicurarti che i tuoi pasti forniscano i nutrienti necessari per una salute ottimale.

d. **Ridurre al minimo gli sprechi alimentari:** Pianificare i pasti in anticipo ti aiuta a utilizzare gli ingredienti in modo efficiente e a ridurre al minimo gli sprechi alimentari. Creando ricette che condividono ingredienti e riciclando gli avanzi in modo creativo, puoi ridurre lo spreco alimentare e adottare uno stile di vita più sostenibile.

e. **Risparmio economico:** Con una pianificazione efficace dei pasti, puoi risparmiare evitando acquisti impulsivi e sfruttando al meglio gli ingredienti che hai già a disposizione. Attenendoti a una lista della spesa basata sul tuo piano alimentare, puoi ridurre al minimo gli sprechi e massimizzare il tuo budget.

Strategie per una spesa intelligente e una pianificazione efficace dei pasti:

a. **Crea un piano alimentare settimanale:** Ogni settimana dedica del tempo alla pianificazione dei pasti per i giorni successivi. Tieni conto dei tuoi orari, delle tue preferenze alimentari e delle tue esigenze nutrizionali quando scegli le ricette.

b. **Prepara una lista della spesa dettagliata:** Una volta che hai il tuo piano dei pasti, crea una lista della spesa dettagliata in base agli ingredienti necessari per ogni ricetta. Sii accurato e specifico per assicurarti di avere tutto ciò che ti serve per preparare i pasti con successo.

c. **Fai la spesa con intenzione:** Entra nel negozio di alimentari con una mentalità chiara e una comprensione completa di ciò che ti serve. Attieniti alla tua lista della spesa e resisti alla tentazione di acquistare articoli non necessari che potrebbero far deragliare i tuoi obiettivi di salute.

d. **Concentrati su alimenti freschi e integrali:** Quando scegli i prodotti da mettere nel carrello, dai priorità ai prodotti freschi, alle proteine magre, ai cereali integrali e ai grassi sani. Questi alimenti integrali forniscono nutrienti essenziali e sono i componenti chiave di una dieta nutriente.

e. **Leggere e confrontare le etichette degli alimenti:** Prenditi il tempo di leggere e confrontare le etichette degli alimenti per fare scelte consapevoli. Scegli prodotti con pochi additivi, contenuto ridotto di sodio e zuccheri, e ingredienti facilmente riconoscibili.
f. **Utilizza la spesa online:** Le piattaforme per la spesa online possono essere un'opzione conveniente per fare la spesa in modo intelligente. Ti permettono di selezionare con cura gli articoli, confrontare i prezzi ed evitare acquisti impulsivi.
g. **Esercitati a cucinare in serie e a preparare i pasti:** Dedica dei momenti specifici durante la settimana per preparare quantità maggiori di determinati piatti e porzionarli per più pasti. In questo modo puoi risparmiare tempo durante la settimana e avere a disposizione opzioni salutari.
h. **Conservare e organizzare correttamente:** Conserva correttamente i prodotti deperibili per massimizzarne la freschezza e la durata. Tieni la dispensa, il frigorifero e il congelatore organizzati per evitare sprechi di cibo e individuare facilmente gli ingredienti.

Mettendo in pratica queste strategie per una spesa intelligente e una pianificazione efficace dei pasti, potrai ottimizzare la preparazione dei cibi, fare scelte più sane e, in definitiva, sostenere il tuo percorso verso uno stile di vita più sano.

APPROCCIO A UNA DIETA SANA PER PERSONE PIGRE

Adottare uno stile di vita sano con poco tempo a disposizione

Nel frenetico mondo moderno, il tempo è un bene prezioso. Molti di noi si sentono costantemente in corsa contro il tempo, cercando di destreggiarsi tra lavoro, famiglia, vita sociale e cura di sé. Considerati questi vincoli, adottare uno stile di vita sano può sembrare un lusso che non possiamo permetterci. Tuttavia, la verità è esattamente il contrario: uno stile di vita sano non è un lusso ma una necessità. E sì, è possibile anche con poco tempo a disposizione. Ecco alcuni consigli:

Pianifica in anticipo: La pianificazione è fondamentale quando si tratta di mantenere uno stile di vita sano. Dedica una piccola quantità di tempo ogni settimana per pianificare i tuoi pasti, creare una lista della spesa e preparare il cibo. Questo ti farà risparmiare ore nel lungo periodo e ti eviterà scelte alimentari poco salutari dell'ultimo minuto.

Semplifica i tuoi pasti: Sano non significa per forza complicato. Attieniti a ricette semplici, con pochi ingredienti e veloci da preparare. Questo libro ti fornirà molte ricette facili e veloci, ma allo stesso tempo deliziose e nutrienti.

Fai delle scelte salutari: Scegli il pane integrale al posto del pane bianco, l'acqua al posto delle bevande zuccherate o i pasti fatti in casa al posto del fast food. Questi piccoli cambiamenti possono avere un grande impatto sulla tua salute generale.

Rimani attivo: Incorpora l'attività fisica nella tua routine quotidiana. Non deve essere necessariamente una sessione di palestra di un'ora. Brevi momenti di attività fisica, come una passeggiata di 10 minuti durante la pausa pranzo o qualche esercizio veloce mentre guardi la TV, possono contribuire in modo significativo alla tua salute.

Gestisci lo stress: Livelli di stress elevati possono ostacolare i tuoi obiettivi di uno stile di vita sano. Semplici tecniche come la respirazione profonda, la meditazione o la pratica della mindfulness possono aiutare a gestire i livelli di stress e possono essere eseguite in pochi minuti al giorno.

Dormi bene: Dai priorità alla qualità del sonno. La mancanza di sonno può portare a scelte alimentari poco salutari e a una mancanza di motivazione a rimanere attivi. Cerca di creare un programma di sonno regolare e di stabilire una routine rilassante per andare a letto.

Ricorda che uno stile di vita sano non significa raggiungere la perfezione. Si tratta di apportare piccoli cambiamenti sostenibili che possono migliorare la tua salute nel lungo periodo. Non devi rivedere tutta la tua vita in un solo giorno. Inizia con piccole cose, sii costante e con il tempo questi piccoli cambiamenti diventeranno parte della tua vita quotidiana.

Linee guida per fare scelte alimentari consapevoli

Scegliere consapevolmente gli alimenti è essenziale per mantenere una dieta equilibrata, soprattutto quando si ha poco tempo a disposizione. Durante periodi di impegni o stanchezza, è molto facile cedere alla tentazione di prendere il primo cibo che capita o di optare per opzioni confortevoli, che potrebbero non essere le più salutari. Ecco alcune linee guida per aiutarti a fare scelte migliori:

Capire le etichette nutrizionali: Imparare a leggere e capire le etichette nutrizionali può aiutarti a fare scelte più sane quando fai la spesa. Presta attenzione alle dimensioni delle porzioni, alle calorie e alle quantità di zucchero, sale e grassi non salutari presenti nel prodotto.

Scegli gli alimenti integrali: Per quanto possibile, opta per alimenti integrali: frutta, verdura, cereali integrali, proteine magre e grassi sani. Questi alimenti sono generalmente più sazianti e nutrienti di quelli elaborati.

Controllo delle porzioni: Anche i cibi sani possono contribuire all'aumento di peso se ne mangi troppi. Usa dei misurini o una bilancia per alimenti per assicurarti che le tue porzioni siano ragionevoli.

Mangiare in modo consapevole: Presta attenzione a ciò che mangi e assapora ogni boccone. Questo ti aiuterà a gustare meglio il cibo e a evitare di mangiare troppo.

Ascolta il tuo corpo: Mangia quando hai fame e smetti quando sei soddisfatto. Molti di noi hanno perso il contatto con questi segnali di base, ma con la pratica puoi imparare ad ascoltare il tuo corpo e a rispondere alle sue esigenze.

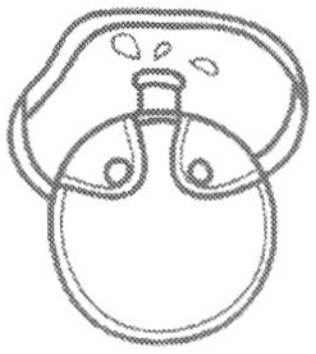

Idratati: L'acqua è essenziale per il corretto funzionamento del nostro corpo. Assicurati di bere a sufficienza durante la giornata. Se ti senti affamato, forse sei solo disidratato.

Pianifica i tuoi piaceri: Tutti meritano di gustare i loro cibi preferiti, anche se non sono i più salutari. Se pianifichi questi piaceri, potrai gustarli senza sensi di colpa e senza esagerare.

Fare scelte alimentari consapevoli può sembrare inizialmente impegnativo, ma con la pratica diventerà una seconda natura. Ricorda che ogni scelta alimentare è un'opportunità per nutrire il tuo corpo. Seguendo queste linee guida, potrai costruire una dieta che sostenga la tua salute e si adatti al tuo stile di vita frenetico.

Strategie per massimizzare il tempo in cucina

Il tempo è fondamentale, soprattutto quando cerchi di mantenere uno stile di vita sano in mezzo a un'agenda fitta di impegni. Ecco alcune strategie per sfruttare al meglio il tuo tempo in cucina:

Cucinare in serie: Preparare grandi quantità di cibo in una sola volta può farti risparmiare una notevole quantità di tempo. Ad esempio, puoi cucinare una grande pentola di quinoa all'inizio della settimana e utilizzarla in diversi pasti durante la settimana.

Preparare i pasti: Dedica qualche ora un giorno alla settimana per preparare i pasti o gli ingredienti per il resto della settimana. Puoi tagliare le verdure, marinare le proteine o anche cucinare completamente i pasti e conservarli in frigorifero o nel congelatore.

Tecniche di cottura veloci: Alcune tecniche di cottura sono più veloci di altre. Il soffritto, la cottura al vapore e la cottura a pressione, ad esempio, tendono ad essere più veloci della cottura al forno o della cottura lenta.

Usa prodotti convenienti: Non aver paura di usare prodotti convenienti come verdure pre-tagliate, fagioli in scatola o cereali istantanei. Possono ridurre notevolmente i tempi di cottura.

Piatti unici: Le ricette che richiedono una sola pentola o padella possono far risparmiare molto tempo. Di solito richiedono meno tempo di cottura e hanno il vantaggio di avere meno piatti da pulire.

Tieni la tua cucina organizzata: Una cucina organizzata può rendere la cottura più efficiente. Tieni gli strumenti e gli ingredienti più utilizzati facilmente accessibili.

Crea un repertorio di ricette: Avere una serie di ricette ben conosciute può notevolmente ridurre il tempo dedicato a pensare a cosa cucinare e come farlo.

Mettendo in pratica queste strategie, sarai in grado di sfruttare al meglio il tuo tempo in cucina. In questo modo non solo cucinerai in modo meno stressante, ma sarà anche più facile per te mantenere una dieta sana.

Consigli per organizzare la cucina in modo efficace e risparmiare tempo ed energia

Una cucina organizzata è una componente fondamentale per una cucina efficiente. Fa risparmiare tempo, riduce lo stress e rende il processo di preparazione dei pasti molto più piacevole. Ecco alcuni consigli su come organizzare la tua cucina in modo efficace:

Raggruppa gli articoli simili: Tieni gli articoli da forno, le spezie, le conserve e così via in aree specifiche. Questo ti aiuterà a trovare rapidamente ciò che ti serve quando stai cucinando.

Usa contenitori trasparenti: Conserva i prodotti secchi come cereali e pasta in contenitori trasparenti. Questo non solo ti aiuterà a tenere in ordine la tua dispensa, ma ti permetterà anche di vedere esattamente cosa hai e quanto.

Massimizza lo spazio verticale: Sfrutta l'altezza degli armadi e del frigorifero per riporre più oggetti. Puoi utilizzare rialzi per gli scaffali, cestini sospesi o ganci per creare spazio aggiuntivo.

Tieni a portata di mano gli oggetti che usi di frequente: Gli oggetti che usi quotidianamente devono essere facilmente raggiungibili. Potrebbero essere gli utensili da cucina, le pentole e le padelle che preferisci o gli alimenti di base come oli, sale e pepe.

Usa degli organizer per cassetti: Questi possono aiutare a mantenere gli utensili, le posate e altri piccoli oggetti organizzati e facili da trovare.

Fai ordine regolarmente: È facile che la cucina sia ingombra di gadget inutilizzati, alimenti obsoleti o doppioni. Un regolare decluttering può aiutarti a mantenere la cucina funzionale ed efficiente.

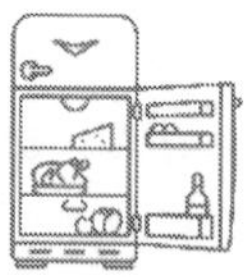

Etichetta tutto: soprattutto nel frigorifero o nel congelatore, le etichette possono aiutarti a identificare gli alimenti e a ricordare quando sono stati conservati. In questo modo si riducono gli sprechi e si semplifica la pianificazione dei pasti.

Una cucina organizzata in modo efficiente renderà la tua esperienza culinaria più piacevole e meno dispendiosa in termini di tempo. E quando cucinare è una gioia anziché un lavoro, è più probabile che tu riesca a mantenere il tuo obiettivo di mangiare pasti sani e fatti in casa, anche quando il tempo è poco.

MANGIARE BENE CON UN BUDGET LIMITATO

In un mondo in cui i prezzi degli alimenti alle stelle e le risorse limitate possono rendere difficile il mantenimento di uno stile di vita sano, è essenziale affrontare l'idea errata che mangiare sano sia costoso. Ora approfondiremo il tema del mangiare bene con un budget limitato e ti forniremo delle strategie pratiche per nutrire il tuo corpo senza spendere troppo.

L'idea sbagliata di un'alimentazione sana e costosa:

a. **Separare i fatti dalla finzione:** È ora di sfatare il mito che un'alimentazione sana sia inaccessibile. Se è vero che alcuni prodotti speciali o superfood di tendenza possono avere un prezzo più alto, le fondamenta di una dieta nutriente si basano su alimenti semplici e integrali che possono essere a portata di mano.

b. **Il vero costo della convenienza:** È fondamentale riconoscere che, anche se i cibi elaborati e pronti possono sembrare più economici all'inizio, spesso mancano di nutrienti essenziali e possono portare a problemi di salute a lungo termine. Investendo in alimenti integrali e cucinando da zero, puoi dare priorità alla tua salute e risparmiare nel lungo periodo.

Strategie per mangiare bene con un budget limitato:

a. **Pianificazione dei pasti:** Pianificare i pasti in anticipo è una strategia fondamentale per ottimizzare il tuo budget. Creando un piano settimanale dei pasti e una lista della spesa, puoi fare scelte ponderate, evitare acquisti impulsivi e ridurre gli sprechi alimentari. Questo approccio ti permette anche di approfittare dei saldi e degli sconti sugli ingredienti nutrienti.

b. **Abbraccia le proteine vegetali:** Le proteine di origine vegetale, come i legumi, le lenticchie, i fagioli e il tofu, sono un'alternativa economica alla carne. Sono ricche di sostanze nutritive, offrono numerosi benefici per la salute e sono generalmente più economiche. Incorporare queste proteine di origine vegetale nei tuoi pasti può aiutarti a contenere il budget e a fornire allo stesso tempo i nutrienti essenziali.

c. **Compra all'ingrosso:** L'acquisto di alimenti di base all'ingrosso può portare a un notevole risparmio nel tempo. Prodotti come cereali, fagioli, noci e semi possono essere acquistati in quantità maggiori, riducendo il costo per porzione. Utilizza tecniche di conservazione adeguate per mantenere la freschezza e la qualità di questi prodotti sfusi.

d. **Acquista prodotti di stagione e locali:** I prodotti di stagione tendono ad essere più convenienti, perché sono abbondanti e non richiedono costi di trasporto elevati. Acquistando frutta e verdura di stagione, potrai godere del loro sapore ottimale, del loro valore nutrizionale e della loro convenienza. Considera la possibilità di visitare i mercati agricoli locali o di aderire a un programma di agricoltura sostenuta dalla comunità (CSA) per accedere a prodotti freschi e coltivati localmente a prezzi competitivi.

e. **Cucinare a casa:** Cucinare i tuoi pasti da zero non è solo più sano ma anche più economico. Preparando i tuoi pasti, hai il controllo sugli ingredienti e puoi evitare i costosi cibi preconfezionati. Sperimenta nuove ricette, esplora diverse cucine e utilizza ingredienti economici per creare pasti gustosi e nutrienti a casa.

f. **Ridurre gli sprechi alimentari:** Ridurre al minimo gli sprechi alimentari non è solo responsabile dal punto di vista ambientale, ma anche vantaggioso per il tuo budget. Sii creativo nel riutilizzare gli avanzi in nuovi piatti, nel congelare le porzioni in eccesso per pasti futuri e nell'utilizzare tutte le parti di frutta e verdura. Facendo attenzione agli sprechi alimentari, puoi massimizzare il valore dei tuoi acquisti e ridurre le spese inutili.

g. **Spuntini e cibi pronti fai da te:** Invece di affidarti a costosi snack e cibi pronti preconfezionati, prendi in considerazione l'idea di prepararli in casa. Le palline energetiche, le barrette di muesli e i mix di frutta secca possono essere preparati facilmente con ingredienti economici come avena, noci, frutta secca e semi. Non solo risparmierai denaro, ma avrai anche il controllo sulla qualità e sul contenuto nutrizionale dei tuoi snack.

h. **Approfitta dei saldi e degli sconti:** Tieni d'occhio i saldi, gli sconti e i coupon del tuo negozio di alimentari. Pianificando i tuoi pasti in base agli articoli scontati, puoi approfittare del risparmio senza compromettere l'alimentazione. Sii aperto a provare nuovi ingredienti e ricette in base a ciò che è disponibile a un prezzo inferiore.

Incorporando queste strategie nel tuo stile di vita, potrai dimostrare che mangiare bene con un budget limitato è possibile ed è un approccio intelligente e sostenibile all'alimentazione. Ricorda che dare la priorità alla tua salute non deve necessariamente avere un costo elevato. Con un'attenta pianificazione, scelte oculate e un pizzico di creatività, puoi nutrire il tuo corpo e il tuo portafoglio contemporaneamente.

COLAZIONE RAPIDA, NUTRIENTE E SANA

L'importanza della colazione

La colazione viene spesso definita il pasto più importante della giornata. Non si tratta solo di una frase ad effetto: ci sono prove sostanziali a sostegno di questa affermazione. Dopo una lunga notte di digiuno, il tuo corpo ha bisogno di carburante per iniziare la giornata e la colazione fornisce l'energia necessaria al tuo organismo per funzionare correttamente.

Mangiare la colazione è stato collegato a numerosi benefici per la salute. Innanzitutto, può migliorare le tue funzioni cognitive, aumentando la memoria e l'attenzione. Quindi, se vuoi ottenere buone prestazioni al lavoro o a scuola, non saltare la colazione!

In secondo luogo, la colazione aiuta a gestire il peso. Chi fa colazione regolarmente ha meno probabilità di essere in sovrappeso o obeso. Questo perché la colazione aiuta a controllare la fame nel corso della giornata, evitando di mangiare troppo e di fare spuntini con cibi poco sani.

In terzo luogo, la colazione è un'occasione per fornire al tuo corpo i nutrienti essenziali. Molte persone che saltano la colazione non riescono a recuperare i nutrienti che hanno perso. I cibi della colazione, soprattutto quelli ricchi di fibre e proteine, possono aiutarti a soddisfare il tuo fabbisogno nutrizionale giornaliero.

Nonostante questi benefici, molte persone saltano ancora la colazione, spesso per mancanza di tempo. Ma la buona notizia è che una colazione nutriente e soddisfacente non deve necessariamente richiedere molto tempo. In questa sezione condivideremo 10 ricette per una colazione sana e veloce. Non solo sono deliziose, ma possono anche essere preparate in soli 10 minuti o meno. E la parte migliore? Ogni ricetta è ricca di ingredienti sani che alimentano il tuo corpo e ti fanno sentire soddisfatto per tutta la mattina. Che tu sia un fan delle colazioni dolci o salate, troverai sicuramente qualcosa che ti piacerà. Quindi, riportiamo in auge la colazione e iniziamo bene la giornata!

10 ricette per colazioni sane e veloci

Budino di Chia per una notte

Un delizioso mix di semi di chia, latte di mandorla e frutta fresca: Questo budino è un modo ricco di fibre e proteine per iniziare la giornata.

Ingredienti:

- 3 cucchiai di semi di chia
- 250g di latte di mandorla
- 1 cucchiaio di miele o sciroppo d'acero
- Frutta fresca per la guarnizione (ad esempio, frutti di bosco, banana, kiwi)

Istruzioni:

1. Mescola i semi di chia, il latte di mandorla e il miele in un barattolo. Mescola bene per assicurarti che non ci siano grumi.
2. Copri il barattolo e mettilo in frigo per tutta la notte.
3. Al mattino, mescola bene il budino. Se necessario, aggiungi altro latte di mandorla per raggiungere la consistenza desiderata.
4. Ricopri con frutta fresca e gusta

250 kcal

10 minuti (più la notte di riposo)

difficoltà 1/5

vegetariano - vegano

Frullato di banana e frutti di bosco

Questo frullato combina la dolcezza naturale di banane e frutti di bosco con uno yogurt greco ricco di proteine per una colazione veloce e da portare sempre con sé.

Ingredienti:

- 1 banana matura
- 250g di frutti di bosco misti (freschi o congelati)
- 120g di yogurt greco
- 120ml di latte di mandorla
- 1 cucchiaio di miele (facoltativo)

Istruzioni:

1. Unisci tutti gli ingredienti in un frullatore.
2. Frulla fino a ottenere un composto omogeneo e cremoso.
3. Versa in un bicchiere o in una bottiglia da asporto e gusta!

300 kcal

5 minuti

difficoltà 1/5

vegetariano - NO vegano (può essere reso vegano con yogurt senza latticini)

Tofu strapazzato su pane tostato

Questa alternativa vegana alle uova strapazzate è ricca di proteine vegetali ed è un modo delizioso per iniziare la giornata.

Ingredienti:

- 200g di tofu solido
- 2 fette di pane integrale
- 1/2 cucchiaino di curcuma
- 2 cucchiai di latte
- Sale e pepe a piacere
- Olio d'oliva per cucinare
- Erbe fresche per guarnire (es. erba cipollina, prezzemolo) o germogli

Istruzioni:

1. Scola il tofu e sbriciolalo in una ciotola.
2. Scalda un po' di olio d'oliva in una padella a fuoco medio.
3. Aggiungi il tofu sbriciolato alla padella, insaporisci con curcuma, latte, sale e pepe e mescola.
4. Cuoci per circa 5 minuti, mescolando di tanto in tanto.
5. Mentre il tofu cuoce, tosta il pane.
6. Ricopri il toast con il tofu strapazzato, guarnisci con erbe fresche e gusta!

350 kcal

10 minuti

difficoltà 2/5

vegetariano - vegano

Piadina veloce di avocado e uova

Questa piadina ad alto contenuto proteico unisce avocado cremoso, uova strapazzate e verdure fresche per una colazione soddisfacente e nutriente.

Ingredienti:

- 1 piadina integrale grande
- 2 uova strapazzate
- 1/2 avocado, a fette
- Un pugno di spinaci baby
- Pomodori a fette
- Sale e pepe a piacere

Istruzioni:

1. Scalda una padella antiaderente a fuoco medio e strapazza le uova.
2. Scalda la piadina in una padella a parte o nel microonde per qualche secondo.
3. Distribuisci le uova strapazzate sulla piadina.
4. Distribuisci le fette di avocado, gli spinaci e i pomodori a fette.
5. Condisci con sale e pepe.
6. Arrotola la piadina in un involucro e gustala!

350 kcal

10 minuti

difficoltà 2/5

vegetariano - NO vegano (contiene uova)

Una deliziosa avena notturna con frutti di bosco misti

Prepara questa colazione deliziosa e ricca di fibre la sera prima, in modo da poterla prendere al volo al mattino.

Ingredienti:

- 120g di avena
- 120g di latte di mandorla
- 1 cucchiaio di semi di chia
- 1 cucchiaio di miele o di sciroppo d'acero
- Manciata di frutti di bosco misti (ad esempio, mirtilli, lamponi, fragole)

Istruzioni:

1. In un barattolo o contenitore, unisci l'avena, il latte di mandorla, i semi di chia e il dolcificante.
2. Mescola bene per amalgamare tutti gli ingredienti.
3. Copri il barattolo e mettilo in frigo per tutta la notte.
4. Al mattino, mescola bene e completa con frutti di bosco misti.
5. Gustalo freddo o riscaldalo per una colazione calda.

300 kcal

5 minuti (più la notte di riposo)

difficoltà 1/5

vegetariano - vegano

Yogurt greco con miele e noci

Questa colazione semplice ma soddisfacente combina lo yogurt greco ricco di proteine con la dolcezza naturale del miele e la croccantezza delle noci.

Ingredienti:

- 250g di yogurt greco
- 1 cucchiaio di miele
- Manciata di noci tritate

Istruzioni:

1. Versa lo yogurt greco in una ciotola.
2. Distribuisci il miele sullo yogurt.
3. Cospargi il tutto con le noci tritate.
4. Mescola il tutto, oppure gusta gli strati separatamente.

250 kcal

2 minuti

difficoltà 1/5

vegetariano - NO vegano (contiene latticini)

Toast all'avocado schiacciato con pomodori ciliegini

Questa colazione di tendenza non è solo visivamente attraente, ma anche ricca di grassi sani, fibre e vitamine.

Ingredienti:

- 2 fette di pane integrale tostato
- 1 avocado maturo, schiacciato
- Pomodori ciliegini tagliati a metà
- Succo di limone fresco
- Peperoncino rosso (facoltativo)
- Sale e pepe a piacere

Istruzioni:

1. Schiaccia l'avocado in una ciotola e condiscilo con sale, pepe e una spruzzata di succo di limone fresco.
2. Spalma la purea di avocado in modo uniforme sulle fette di pane tostato.
3. Disponi le metà dei pomodorini sopra l'avocado.
4. Cospargi con peperoncino rosso, se lo desideri, per dare un tocco in più.
5. Goditi questa semplice ma deliziosa colazione!

300 kcal

5 minuti

difficoltà 3/5

vegetariano - vegano

Ciotola per la colazione a base di quinoa con frutta

Inizia la giornata con una ciotola di quinoa ricca di proteine e nutrienti, condita con vari tipi di frutta fresca.

Ingredienti:

- 120g di quinoa cotta
- Frutta fresca assortita (ad esempio, banana a fette, frutti di bosco, mango a cubetti)
- 1 cucchiaio di miele o sciroppo d'acero
- Una spolverata di noci o semi preferiti (facoltativo)

Istruzioni:

1. In una ciotola, unisci la quinoa cotta e la frutta fresca.
2. Condisci con miele o sciroppo d'acero per una maggiore dolcezza.
3. Cospargi di noci o semi per una consistenza e un nutrimento extra.
4. Mescola bene e goditi questa colazione rinfrescante e saziante.

300 kcal

5 minuti

difficoltà 1/5

vegetariano - vegano

Piadina per colazione farcita con spinaci e feta

Questa piadina salata per la colazione è caratterizzata dai sapori degli spinaci saltati in padella e del formaggio feta piccante, il tutto racchiuso in una piadina integrale.

Ingredienti:

- 2 piadine integrali grandi
- Un pugno di spinaci baby
- 30g di feta sbriciolata
- Olio d'oliva per cucinare
- Sale e pepe a piacere

Istruzioni:

1. Scalda una padella antiaderente a fuoco medio.
2. Condisci con un po' di olio d'oliva e aggiungi le foglie di spinaci baby. Salta fino a quando non saranno appassite.
3. Metti una piadina nella teglia e cospargi metà del formaggio feta.
4. Aggiungi gli spinaci saltati in padella in modo uniforme sul formaggio.
5. Aggiungi il formaggio feta rimanente e insaporisci con un pizzico di sale e pepe.
6. Copri con la seconda piadina.
7. Cuoci per qualche minuto su ogni lato fino a quando le piadine saranno leggermente dorate e il formaggio sarà fuso.
8. Taglia a spicchi e servi questa deliziosa e saporita piadina per la colazione.

350 kcal

10 minuti

difficoltà 2/5

vegetariano - NO vegano (contiene formaggio)

Pancake integrali al burro di arachidi e banane

Concediti questi pancake soffici e nutrienti che combinano la classica combinazione di burro di arachidi e banane.

Ingredienti:

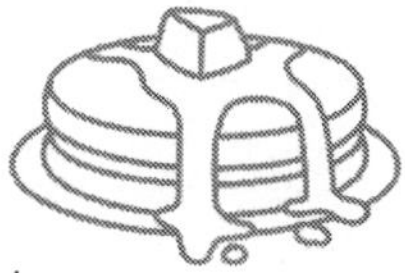

- 250g di mix per pancake integrale
- 1 banana matura, schiacciata
- 1 cucchiaio di burro di arachidi naturale
- Acqua o latte, se necessario per ottenere la consistenza della pastella per pancake

Istruzioni:

1. In una ciotola, unisci il preparato per pancake, la banana schiacciata e il burro di arachidi.
2. Aggiungi gradualmente l'acqua o il latte, mescolando fino a raggiungere una consistenza omogenea della pastella.
3. Scalda una padella antiaderente o una piastra a fuoco medio.
4. Versa la pastella sulla padella, formando pancake di piccole o medie dimensioni.
5. Cuoci fino a quando non si formano delle bolle in superficie, poi girala e falla cuocere fino a quando non diventa dorata.
6. Servi i pancake al burro di arachidi e banana con altre banane a fette e un filo di sciroppo d'acero, se lo desideri.

350 kcal

10 minuti

difficoltà 2/5

vegetariano - NO vegano (usa un mix per pancake a base vegetale)

Goditi queste deliziose e nutrienti ricette per la colazione per iniziare la giornata in modo sano!

PRANZI SANI E COMPLETI IN SOLI 10 MINUTI

I vantaggi di portare i pasti fatti in casa al lavoro

Nel mondo frenetico in cui viviamo, la convenienza ha spesso la meglio sull'alimentazione. I fast food e i pasti da asporto sono diventati la norma per molti lavoratori. Ma se da un lato queste opzioni possono farti risparmiare tempo, dall'altro possono avere un effetto negativo sulla tua salute nel tempo.

È qui che entra in gioco l'importanza dei pasti fatti in casa. Preparare e portare i tuoi pasti al lavoro può richiedere una certa pianificazione e un certo impegno, ma i benefici ne valgono sicuramente la pena. Ecco alcuni motivi per cui:

Controllo nutrizionale: Quando cucini i tuoi pasti, hai il controllo completo su ciò che contiene il cibo. Questo ti permette di fare scelte più sane, come utilizzare cereali integrali invece di quelli raffinati o optare per proteine magre e molte verdure. Inoltre, puoi gestire le porzioni ed evitare quelle troppo abbondanti che spesso si trovano nei ristoranti e nei fast food.

Risparmia denaro: Mangiare fuori casa ogni giorno può far lievitare i costi. Al contrario, cucinare a casa è molto più conveniente. Anche se alcuni ingredienti possono sembrare costosi all'inizio, ricorda che possono essere utilizzati per più pasti, riducendo il costo per pasto.

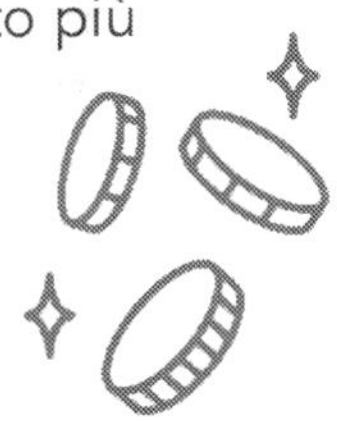

Sicurezza alimentare: Con i pasti fatti in casa, hai il controllo della sicurezza alimentare. Puoi assicurarti che il cibo sia conservato e cucinato correttamente, riducendo il rischio di malattie alimentari.

Varietà: Mangiare fuori casa ogni giorno può diventare ripetitivo e molte persone si ritrovano bloccate in una routine di pasti sempre uguali. Cucinare a casa ti permette di esplorare diverse ricette e cucine, dando alla tua dieta una certa varietà e rendendo i tuoi pasti più interessanti.

Meglio per l'ambiente: Portare i tuoi pasti in contenitori riutilizzabili riduce la quantità di plastica monouso e altri materiali di imballaggio comunemente associati al cibo da asporto.

Controllo delle porzioni: I ristoranti e le catene di fast food spesso servono porzioni molto più grandi del necessario. Quando prepari i tuoi pasti, puoi controllare meglio le dimensioni delle porzioni per allinearle alle tue esigenze nutrizionali.

Ora che abbiamo illustrato i benefici dei pasti fatti in casa, in questa parte condivideremo anche alcune ricette veloci e nutrienti che puoi preparare in soli 10 minuti. Queste ricette non sono solo deliziose, ma anche ricche di sostanze nutritive per darti la giusta carica durante la tua giornata lavorativa.

Insalata di quinoa con avocado e pollo alla griglia

Questa insalata rinfrescante è ricca di proteine magre e grassi sani che ti manterranno soddisfatto per tutta la giornata lavorativa.

Ingredienti:

- 250g di quinoa cotta
- 1 petto di pollo alla griglia, tagliato a fette
- 1 avocado maturo, tagliato a cubetti
- Una manciata di pomodori ciliegini, tagliati a metà
- Una manciata di foglie di insalata mista
- Succo di 1 limone
- Olio d'oliva, sale e pepe a piacere

Istruzioni:

1. In una grande ciotola, unisci la quinoa cotta, il pollo a fette, l'avocado a cubetti, i pomodorini e le foglie di insalata mista.
2. Spremi il succo di limone sull'insalata, irrora con l'olio d'oliva e condisci con sale e pepe.
3. Mescola bene fino a quando il tutto non sarà ricoperto in modo uniforme.
4. Trasferisci l'insalata in un contenitore per il pranzo o servila subito.

400 kcal

10 minuti

difficoltà 2/5

NO vegetariano - NO vegano (può essere reso vegano sostituendo il pollo con tofu o il tempeh)

Stufato di spinaci e ceci

Questo stufato sostanzioso è ricco di fibre e proteine, il che lo rende un'ottima opzione per un pranzo vegetariano.

Ingredienti:

- 420g di ceci sciacquati e scolati
- 100g di spinaci freschi
- 400g di pomodori a cubetti
- 1 cipolla, tritata
- 2 spicchi d'aglio tritati
- 2 cucchiai di olio d'oliva
- Sale, pepe e peperoncino a piacere

Istruzioni:

1. In una padella grande, scalda l'olio d'oliva a fuoco medio. Aggiungi la cipolla tritata e l'aglio tritato e soffriggi finché non si ammorbidiscono.
2. Aggiungi i pomodori a cubetti e i ceci alla padella e insaporisci con sale, pepe e peperoncino.
3. Lascia sobbollire il composto per circa 5 minuti, poi aggiungi gli spinaci freschi. Mescola fino a quando gli spinaci non saranno appassiti.
4. Togli lo stufato dal fuoco e trasferiscilo in un contenitore per il pranzo o servilo subito.

300 kcal

10 minuti

difficoltà 2/5

vegetariano - vegano

Piadina di tonno e avocado

Questa deliziosa piadina è ricca di acidi grassi omega-3 e grassi salutari. È un pranzo facile e veloce che puoi gustare anche in viaggio.

Ingredienti:

- 1 scatoletta di tonno in acqua, sgocciolato
- 1 avocado maturo, schiacciato
- 1 piadina integrale
- Una manciata di foglie di lattuga
- 1 cucchiaio di maionese o yogurt greco
- Sale e pepe a piacere

Istruzioni:

1. In una ciotola, mescola il tonno sgocciolato con l'avocado schiacciato e la maionese o lo yogurt greco. Condisci con sale e pepe.
2. Distribuisci il composto di tonno e avocado sulla piadina integrale.
3. Ricopri con le foglie di lattuga.
4. Arrotola la piadina in modo da formare un involucro.
5. Taglia il piadina a metà e mettilo in un contenitore per il pranzo, oppure gustalo subito.

400 kcal

10 minuti

difficoltà 1/5

NO vegetariano - NO vegano (può essere reso vegano sostituendo il tonno con ceci e utilizzando una maionese vegana)

Insalata di couscous mediterraneo

Ricca di verdure fresche, cuscus integrale e ceci ricchi di proteine, questa insalata mediterranea è tanto saporita quanto sana.

Ingredienti:

- 250g di couscous cotto
- 250g di pomodori ciliegini tagliati a metà
- 1 cetriolo, tagliato a cubetti
- 120g di olive kalamata, tagliate a metà
- 120g di ceci
- 20g di feta sbriciolata
- 2 cucchiai di olio d'oliva
- Succo di 1 limone
- Sale e pepe a piacere

Istruzioni:

1. In una grande ciotola, unisci il couscous cotto, i pomodorini, il cetriolo, le olive, i ceci e il formaggio feta.
2. In una ciotola a parte, sbatti insieme l'olio d'oliva, il succo di limone, il sale e il pepe per creare il condimento.
3. Versa il condimento sull'insalata e mescola il tutto.
4. Servi subito o conserva in un contenitore per il pranzo per utilizzarlo in seguito.

350 kcal

10 minuti

difficoltà 2/5

vegetariano - NO vegano (contiene formaggio)

Spiedini di tacchino e verdure alla griglia

Questi spiedini colorati e gustosi sono un'ottima fonte di proteine magre e vitamine essenziali.

Ingredienti:

- 1 petto di tacchino, tagliato a cubetti
- Verdure assortite (ad esempio, peperoni, zucchine, pomodori ciliegino)
- Olio d'oliva
- Sale e pepe
- Spiedini (di legno o di metallo)

Istruzioni:

1. Preriscalda la griglia o la padella a fuoco medio.
2. Infila i cubetti di tacchino e le verdure negli spiedini.
3. Spennella gli spiedini con un po' di olio d'oliva e condiscili con sale e pepe.
4. Grigliate gli spiedini per circa 10 minuti, girando di tanto in tanto, fino a quando il tacchino sarà cotto e le verdure saranno tenere.
5. Lasciala raffreddare prima di metterla in un contenitore per il pranzo, oppure servila subito.

300 kcal

10 minuti (più il tempo di cottura alla griglia)

difficoltà 2/5

NO vegetariano - NO vegano

Pasta integrale con olio d'oliva e aglio

Questo pasto semplice ma delizioso è ricco di fibre e di sapore.

Ingredienti:

- 250g di pasta integrale cotta
- 2 spicchi d'aglio, tritati
- 2 cucchiai di olio d'oliva
- Sale, pepe o peperoncino a piacere
- Parmigiano grattugiato fresco (facoltativo)

Istruzioni:

1. Scalda l'olio d'oliva in una padella a fuoco medio.
2. Aggiungi l'aglio tritato e soffriggilo finché non diventa dorato.
3. Aggiungi la pasta cotta alla padella e falla saltare per combinarla.
4. Condisci con sale e pepe e cospargi di parmigiano, se lo desideri.
5. Metti in un contenitore per il pranzo o servi subito.

400 kcal

10 minuti

difficoltà 1/5

vegetariano - NO vegano (contiene formaggio)

Insalata greca con pollo alla griglia

Un'insalata rinfrescante con succoso pollo alla griglia, perfetta per un pranzo estivo.

Ingredienti:

- 1 petto di pollo alla griglia, tagliato a fette
- 1 cetriolo, tagliato a cubetti
- 1 pomodoro, tagliato a cubetti
- 1/2 cipolla rossa, affettata
- 30g di olive Kalamata
- 30g di feta sbriciolata
- 2 cucchiai di olio d'oliva
- 1 cucchiaio di aceto di vino rosso
- Sale e pepe a piacere

Istruzioni:

1. In una ciotola grande, unisci il pollo, il cetriolo, il pomodoro, la cipolla rossa, le olive e il formaggio feta.
2. In una ciotola a parte, sbatti insieme l'olio d'oliva, l'aceto di vino rosso, il sale e il pepe per creare il condimento.
3. Versa il condimento sull'insalata e mescolalo per unire le due cose.
4. Servi subito o metti in un contenitore per il pranzo da utilizzare successivamente.

350 kcal

10 minuti

difficoltà 2/5

NO vegetariano - NO vegano

Riso integrale saltato in padella con verdure

Questo colorato soffritto è ricco di fibre e vitamine grazie alle verdure miste.

Ingredienti:

- 250g di riso integrale cotto
- 250g di verdure miste (come peperoni, broccoli, carote), tagliate a pezzi
- 1 cucchiaio di salsa di soia
- 1 cucchiaio di olio di sesamo
- Sale e pepe a piacere

Istruzioni:

1. Scalda l'olio di sesamo in una padella a fuoco medio.
2. Aggiungi le verdure tagliate e soffriggi fino a quando non saranno tenere.
3. Aggiungi il riso integrale cotto e la salsa di soia, quindi mescola bene per combinare il tutto.
4. Condisci con sale e pepe e servi.

300 kcal

10 minuti

difficoltà 2/5

vegetariano - vegano

Insalata di gamberi e avocado

Questa insalata semplice ma saziante combina la freschezza dei gamberi e dell'avocado con una vinaigrette agli agrumi.

Ingredienti:

- 250g di gamberetti cotti, sgusciati e decorticati
- 1 avocado maturo, tagliato a fette
- 100g di insalata mista
- Succo di 1 limone
- 2 cucchiai di olio d'oliva
- Sale e pepe a piacere

Istruzioni:

1. In una ciotola grande, unisci i gamberi, l'avocado e le verdure dell'insalata.
2. In una piccola ciotola a parte, sbatti insieme il succo di limone, l'olio d'oliva, il sale e il pepe per creare il condimento.
3. Versa il condimento sull'insalata e mescolala delicatamente per unirla.
4. Servi subito o metti in un contenitore per il pranzo.

350 kcal

10 minuti

difficoltà 1/5

NO vegetariano - NO vegano

Curry di ceci vegano veloce

Un curry sostanzioso e saporito, facile da preparare e ricco di proteine vegetali.

Ingredienti:

- 420g di ceci (200g circa), scolati e sciacquati
- 400g di pomodori a cubetti
- 1 cipolla, tagliata a cubetti
- 2 spicchi d'aglio, tritati
- 1 cucchiaio di curry in polvere
- 1 cucchiaio di olio di cocco
- Sale e pepe a piacere

Istruzioni:

1. Scalda l'olio di cocco in una padella a fuoco medio.
2. Aggiungi la cipolla e l'aglio tagliati a dadini e soffriggi finché non iniziano ad ammorbidirsi.
3. Aggiungi la polvere di curry e cuoci per un altro minuto.
4. Aggiungi i pomodori e i ceci tagliati a pezzetti e fai cuocere a fuoco lento per circa 5 minuti fino a quando non si saranno riscaldati.
5. Condisci con sale e pepe e, se lo desideri, servilo sul riso integrale.

300 kcal

10 minuti

difficoltà 2/5

vegetariano - vegano

Tofu strapazzato con verdure miste

Un'alternativa vegana alle uova strapazzate, questo scramble di tofu è ricco di proteine e verdure.

Ingredienti:

- 200g di tofu sodo, sbriciolato
- 250g di verdure miste (come peperoni, cipolle, pomodori), tritate
- 1/2 cucchiaino di curcuma
- 1 cucchiaio di olio d'oliva
- Sale e pepe a piacere

Istruzioni:

1. Scalda l'olio d'oliva in una padella a fuoco medio.
2. Aggiungi le verdure tritate e falle saltare fino a quando non saranno tenere.
3. Aggiungi il tofu sbriciolato e la curcuma e mescola bene per combinare il tutto.
4. Cuoci per altri 5 minuti, poi condisci con sale e pepe.
5. Servire caldo.

300 kcal

10 minuti

difficoltà 2/5

vegetariano - vegano

Panino con tacchino e avocado

Un panino ricco di proteine magre con avocado cremoso e verdure fresche e croccanti.

Ingredienti:

- 2 fette di pane integrale
- 4 fette di tacchino
- 1/2 avocado, a fette
- Lattuga
- Fette di pomodoro
- 1 cucchiaio di senape

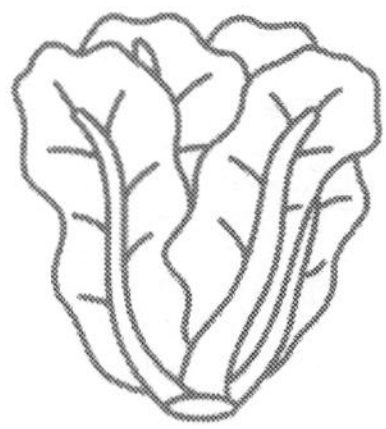

Istruzioni:

1. Disponi il tacchino, l'avocado, la lattuga e le fette di pomodoro tra le due fette di pane.
2. Spalma la senape su un lato del pane.
3. Taglia il panino a metà e servilo.

350 kcal

10 minuti

difficoltà 1/5

NO vegetariano - NO vegano

Salmone alla griglia con quinoa e verdure

Salmone ricco di Omega-3 servito con quinoa ricca di proteine e verdure assortite.

Ingredienti:

- 1 filetto di salmone
- 120g di quinoa cotta
- 250g di verdure miste (come peperoni, zucchine, carote), tagliate a pezzetti
- 1 cucchiaio di olio d'oliva
- Sale e pepe a piacere

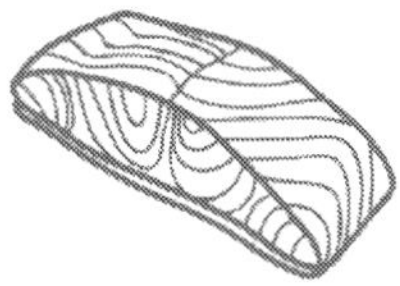

Istruzioni:

1. Grigliate il salmone fino a raggiungere il grado di cottura che preferite.
2. In una padella a parte, fai saltare le verdure in olio d'oliva finché non diventano tenere.
3. Servi il salmone alla griglia con un contorno di quinoa e verdure saltate.

400 kcal

10 minuti (se la quinoa è precotta)

difficoltà 2/5

NO vegetariano - NO vegano

Piadina vegetariani con piadina di grano integrale

Un pasto leggero e rinfrescante, ricco di fibre e di vitamine grazie alle verdure miste.

Ingredienti:

- 2 piadine integrali
- 120g di hummus
- Verdure assortite (come lattuga, peperoni a fette, cetrioli e carote tagliuzzate)
- Sale e pepe a piacere

Istruzioni:

1. Spalma l'hummus su ogni piadina.
2. Disponi le verdure sopra l'hummus e condisci con sale e pepe.
3. Arrotola le piadine, tagliale a metà e servile.

300 kcal

10 minuti

difficoltà 1/5

vegetariano - vegano

Insalata di quinoa alla messicana

Un'insalata sostanziosa ricca di proteine, fibre e vari colori e sapori.

Ingredienti:

- 250g di quinoa cotta
- 120g di fagioli neri, sciacquati e scolati
- 120g di chicchi di mais
- 120g di pomodori a cubetti
- 1/2 avocado, tagliato a cubetti
- 1/2 lime, spremuto
- 1 cucchiaio di olio d'oliva
- Sale e pepe a piacere

Istruzioni:

1. In una grande ciotola, unisci la quinoa, i fagioli neri, il mais, i pomodori e l'avocado.
2. In una piccola ciotola a parte, sbatti insieme il succo di lime, l'olio d'oliva, il sale e il pepe per creare il condimento.
3. Versa il condimento sull'insalata e mescolala delicatamente per unirla.
4. Servi subito o conserva in frigorifero fino al momento di consumare.

350 kcal

10 minuti (se la quinoa è precotta)

difficoltà 1/5

vegetariano - vegano

Gamberi e asparagi saltati in padella

Un pranzo veloce e gustoso ricco di proteine con un pizzico di limone e aglio.

Ingredienti:

- 200g di gamberetti, sgusciati e decorticati
- Un mazzo di asparagi, puliti e tagliati a pezzi
- 2 cucchiai di olio d'oliva
- 1 spicchio d'aglio tritato
- 1/2 limone, spremuto
- Sale e pepe a piacere

Istruzioni:

1. Scalda l'olio d'oliva in una padella a fuoco medio. Aggiungi l'aglio e fallo soffriggere finché non diventa fragrante.
2. Aggiungi i gamberi e gli asparagi e fai cuocere fino a quando i gamberi saranno rosa e gli asparagi teneri.
3. Condisci con il succo di limone, insaporisci con sale e pepe e servi.

300 kcal

10 minuti

difficoltà 2/5

NO vegetariano - NO vegano

Insalata caprese di avocado

Un'insalata fresca e leggera, facile da preparare e ricca di grassi sani.

Ingredienti:

- 1 avocado maturo, sbucciato e tagliato a fette
- 1 pomodoro maturo, tagliato a fette
- 125g di mozzarella fresca a fette
- Foglie di basilico fresco
- 2 cucchiai di glassa balsamica
- Sale e pepe a piacere

Istruzioni:

1. Disponi l'avocado, il pomodoro, la mozzarella e le foglie di basilico su un piatto.
2. Condisci con la glassa al balsamico, aggiusta di sale e pepe e servi.

400 kcal

10 minuti

difficoltà 1/5

vegetariano - NO vegano (può essere reso vegano sostituendo la mozzarella con formaggio vegano)

Broccoli e tonno saltati in padella

Un soffritto semplice e ricco di proteine con tanti sapori e sostanze nutritive.

Ingredienti:

- 1 scatola di tonno, sgocciolato
- 100g di cimette di broccoli
- 1 cucchiaio di olio d'oliva
- 1 spicchio d'aglio tritato
- Salsa di soia a piacere
- Semi di sesamo per guarnire

Istruzioni:

1. Scalda l'olio d'oliva in una padella a fuoco medio, aggiungi l'aglio e fallo soffriggere finché non diventa fragrante.
2. Aggiungi i broccoli e falli cuocere finché non diventano verde brillante e sono teneri ma ancora croccanti.
3. Aggiungi il tonno e la salsa di soia e fai cuocere per altri 2-3 minuti.
4. Cospargi con i semi di sesamo e servi.

350 kcal

10 minuti

difficoltà 2/5

NO vegetariano - NO vegano

Burrito di patate dolci e fagioli neri

Un'opzione per un pranzo saziante e delizioso, ricco di fibre e proteine.

Ingredienti:

- 2 piadine integrali
- 1 patata dolce media, cotta e ridotta in purea
- 120g di fagioli neri, sciacquati e scolati
- 30g di formaggio tagliuzzato (facoltativo)

Istruzioni:

1. Distribuisci il purè di patate dolci sulle piadine.
2. Completa con fagioli neri, formaggio (se lo usi).
3. Arrotola le piadine e scaldale in una padella fino a farle dorare da entrambi i lati.
4. Taglia a metà e servi.

400 kcal

10 minuti (se la patata dolce è precotta)

difficoltà 2/5

vegetariano - vegano (se non si mette il formaggio)

Panino con hummus vegetariano

Un'opzione di panino nutriente e soddisfacente con verdure ricche di fibre e hummus ricco di proteine.

Ingredienti:

- 2 fette di pane integrale
- 2 cucchiai di hummus
- Una manciata di foglie di spinaci
- 1 carota piccola, grattugiata
- 2 fette di cetriolo
- 2 fette di pomodoro
- Sale e pepe a piacere

Istruzioni:

1. Spalma l'hummus su entrambe le fette di pane.
2. Disponi gli spinaci, le carote, i cetrioli e i pomodori su una fetta di pane. Condisci con sale e pepe.
3. Aggiungi l'altra fetta di pane, premi delicatamente, taglia a metà e servi.

300 kcal

10 minuti

difficoltà 1/5

vegetariano - vegano

Gamberi all'aglio, limone e quinoa

Un pranzo veloce e delizioso, ricco di proteine e pieno di sapore.

Ingredienti:

- 200 g di gamberetti sgusciati e decorticati
- 250g di quinoa cotta
- 2 cucchiai di olio d'oliva
- 1 spicchio d'aglio tritato
- 1/2 limone, spremuto
- Sale e pepe a piacere
- Prezzemolo fresco per guarnire

Istruzioni:

1. Scalda l'olio d'oliva in una padella a fuoco medio. Aggiungi l'aglio e fallo soffriggere finché non diventa fragrante.
2. Aggiungi i gamberi e cuoci fino a quando non diventano rosa, circa 2-3 minuti per lato.
3. Condisci con il succo di limone, insaporisci con sale e pepe e aggiungi la quinoa cotta.
4. Guarnisci con del prezzemolo fresco e servi.

400 kcal

10 minuti

difficoltà 2/5

NO vegetariano - NO vegano

Soffritto di verdure e tofu con riso integrale

Un pranzo sostanzioso e saziante, ricco di colori e sapori.

Ingredienti:

- 200g di tofu solido, tagliato a cubetti
- 250g di riso integrale cotto
- 1 peperone, tagliato a fette
- 1 carota, tagliata a fette
- Una manciata di cimette di broccoli
- 2 cucchiai di salsa di soia
- 1 cucchiaio di olio d'oliva
- Semi di sesamo per guarnire

Istruzioni:

1. Scalda l'olio d'oliva in una padella a fuoco medio. Aggiungi il tofu e fallo cuocere fino a quando non sarà dorato.
2. Aggiungi i peperoni, le carote e i broccoli e soffriggi fino a quando le verdure non saranno tenere.
3. Aggiungi la salsa di soia e il riso integrale cotto.
4. Guarnisci con i semi di sesamo e servi.

450 kcal

10 minuti

difficoltà 2/5

vegetariano - vegano

Pollo e verdure al balsamico

Un piatto facile e salutare che unisce proteine magre e verdure vivaci condite con aceto balsamico.

Ingredienti:

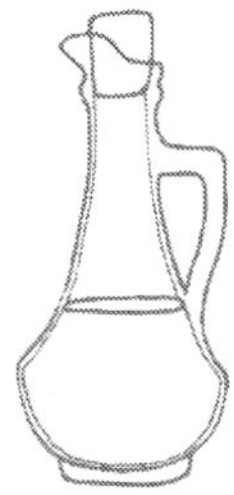

- 1 petto di pollo
- 250g di verdure miste (peperoni, broccoli, carote)
- 2 cucchiai di aceto balsamico
- 1 cucchiaio di olio d'oliva
- Sale e pepe a piacere

Istruzioni:

1. Scalda l'olio d'oliva in una padella a fuoco medio. Aggiungi il petto di pollo e fallo cuocere fino a quando non sarà più rosa.
2. Aggiungi le verdure miste, l'aceto balsamico, il sale e il pepe. Fai cuocere fino a quando le verdure non saranno tenere.
3. Servire caldo, aggiungendo più aceto balsamico a piacere.

350 kcal

10 minuti

difficoltà 2/5

NO vegetariano - NO vegano

Pizza vegetariana su base di cereali integrali

Una versione più leggera della pizza, ma comunque ricca di sapore.

Ingredienti:

- 1 piccola base per pizza integrale
- 30g di salsa di pomodoro
- 250g di verdure miste (peperoni, funghi, spinaci, olive)
- 120g di mozzarella tagliuzzata
- Sale ed erbe aromatiche a piacere

Istruzioni:

1. Preriscalda il forno secondo le istruzioni della confezione della base per pizza. Spalma la salsa di pomodoro sulla base della pizza.
2. Distribuisci le verdure miste sulla salsa. Completa con la mozzarella tagliuzzata.
3. Condisci con sale ed erbe. Informa secondo le istruzioni della confezione della base per pizza.
4. Taglia a fette e servi.

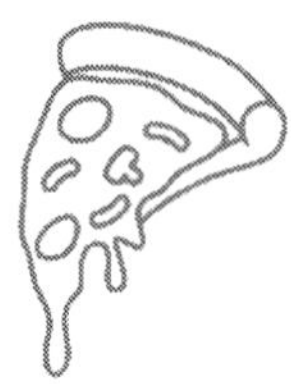

300 kcal

10 minuti

difficoltà 1/5

vegetariano - NO vegano

Panino con insalata di pollo allo yogurt greco

Un panino ricco di proteine con un tocco piccante.

Ingredienti:

- 1 petto di pollo, cotto e sminuzzato
- 30g di yogurt greco
- 2 fette di pane integrale
- 1 gambo di sedano, tagliato a cubetti
- 1/2 mela, tagliata a cubetti
- Sale e pepe a piacere

Istruzioni:

1. In una ciotola, unisci il pollo sminuzzato, lo yogurt greco, il sedano tagliato a dadini e la mela. Condisci con sale e pepe.
2. Spalma il composto di insalata di pollo su una fetta di pane. Aggiungi la seconda fetta.
3. Taglia a metà e servi.

350 kcal

10 minuti

difficoltà 1/5

NO vegetariano - NO vegano

Cavolfiore fritto veloce

Un'alternativa a basso contenuto di carboidrati e di verdure al tradizionale riso fritto.

Ingredienti:

- 250g di cavolfiore in chicchi (grattuggiato)
- 120g di verdure miste (piselli, carote, cippollotti)
- 1 uovo
- 2 cucchiai di salsa di soia
- 1 cucchiaio di olio d'oliva

Istruzioni:

Scalda l'olio d'oliva in una padella a fuoco medio. Aggiungi il cavolfiore e fallo cuocere finché non diventa tenero.

1. Spingi il cavolfiore su un lato della padella. Rompi l'uovo sull'altro lato e strapazzalo.
2. Mescola l'uovo con il cavolfiore. Aggiungi le verdure e la salsa di soia e mescola bene.
3. Servire caldo.

250 kcal

10 minuti

difficoltà 2/5

NO vegetariano - NO vegano

Pollo teriyaki con broccoli

Un piatto veloce, facile e gustoso da saltare in padella.

Ingredienti:

- 1 petto di pollo, tagliato a fette
- 250g di cimette di broccoli
- 2 cucchiai di salsa teriyaki
- 1 cucchiaio di olio d'oliva

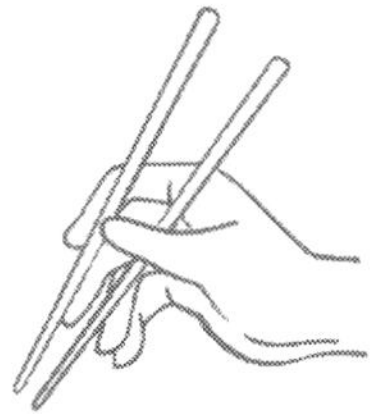

Istruzioni:

1. Scalda l'olio d'oliva in una padella a fuoco medio. Aggiungi le fettine di pollo e falle cuocere fino a quando non saranno più rosa.
2. Aggiungi i broccoli e la salsa teriyaki. Mescola bene per combinare il tutto.
3. Cuoci finché i broccoli non saranno teneri. Servire caldo.

300 kcal

10 minuti

difficoltà 2/5

NO vegetariano - NO vegano

Insalata di fagioli, mais e avocado

Un'insalata fresca e ricca di fibre con un condimento cremoso a base di avocado.

Ingredienti:

- 120g di fagioli neri cotti
- 120g di mais cotto
- 1/2 avocado, tagliato a cubetti
- 1/2 pomodoro, tagliato a cubetti
- 1/4 di cipolla, tagliata a cubetti
- Succo di 1 lime
- Sale e pepe a piacere

Istruzioni:

1. In una ciotola, unisci i fagioli neri, il mais, l'avocado, il pomodoro e la cipolla.
2. Irrora con il succo di lime. Condisci con sale e pepe.
3. Mescola bene per combinare il tutto. Servire al fresco.

300 kcal

10 minuti

difficoltà 1/5

vegetariano - vegano

Insalata di salmone e asparagi alla griglia

Questa insalata rinfrescante è arricchita con acidi grassi omega-3 provenienti dal salmone e vitamine essenziali dagli asparagi.

Ingredienti:

- 1 filetto di salmone
- 6 asparagi
- 100g di insalata mista
- 1 cucchiaio di olio d'oliva
- Succo di limone, sale e pepe a piacere

Istruzioni:

1. Grigliate il filetto di salmone e gli asparagi fino a quando non saranno cotti a vostro piacimento.
2. Disponi l'insalata mista su un piatto. Aggiungi il salmone grigliato e gli asparagi.
3. Condisci con olio d'oliva e succo di limone. Condisci con sale e pepe.
4. Servire immediatamente.

400 kcal

10 minuti

difficoltà 2/5

NO vegetariano - NO vegano

Zuppa di lenticchie vegetariana

Una zuppa confortante e ricca di nutrienti, perfetta per ogni giorno.

Ingredienti:

- 120g di lenticchie
- 100g di brodo vegetale
- 1 carota, tritata
- 1 gambo di sedano, tritato
- 1/4 di cipolla, tagliata a cubetti
- 1 spicchio d'aglio tritato
- Sale e pepe a piacere

Istruzioni:

1. In una pentola, unisci lenticchie, brodo vegetale, carote, sedano, cipolla e aglio.
2. Porta a ebollizione, poi riduci la fiamma e fai sobbollire fino a quando le lenticchie saranno tenere.
3. Condisci con sale e pepe. Servire caldo.

250 kcal

10 minuti

difficoltà 2/5

vegetariano - vegano

Pollo al pesto e verdure

Un piatto unico facile e delizioso che combina proteine magre, grassi salutari per il cuore e verdure.

Ingredienti:

- 1 petto di pollo
- 250g di verdure miste (peperoni, zucchine, pomodorini)
- 2 cucchiai di pesto
- 1 cucchiaio di olio d'oliva
- Sale e pepe a piacere

Istruzioni:

1. Scalda l'olio d'oliva in una padella a fuoco medio. Aggiungi il petto di pollo e cuoci fino a quando non sarà più rosa.
2. Aggiungi le verdure miste, il pesto, il sale e il pepe. Mescola bene per combinare il tutto.
3. Cuoci fino a quando le verdure non saranno tenere. Servire caldo.

350 kcal

10 minuti

difficoltà 2/5

NO vegetariano - NO vegano

Tofu e verdure saltate in padella con quinoa

Un soffritto vegano ricco di proteine e pieno di sapore.

Ingredienti:

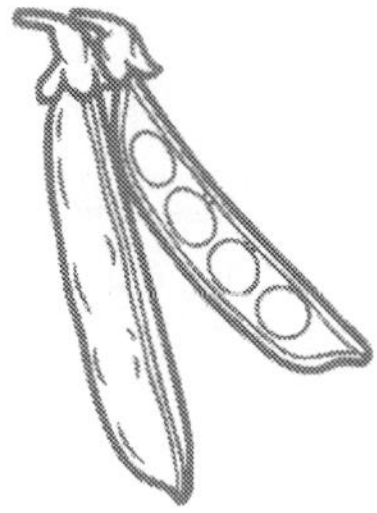

- 120g di quinoa cotta
- 200g di tofu, tagliato a cubetti
- 250g di verdure miste (peperoni, broccoli, piselli)
- 2 cucchiai di salsa di soia
- 1 cucchiaio di olio d'oliva

Istruzioni:

1. Scalda l'olio d'oliva in una padella a fuoco medio. Aggiungi il tofu e fallo cuocere fino a quando non sarà dorato.
2. Aggiungi le verdure miste e la salsa di soia. Soffriggi fino a quando le verdure non saranno tenere.
3. Servi il soffritto di tofu e verdure sulla quinoa cotta.

400 kcal

10 minuti

difficoltà 2/5

vegetariano - vegano

Insalata Caesar di pollo veloce

Questa insalata facile e veloce è ricca di proteine magre e verdure sane.

Ingredienti:

- 1 petto di pollo, grigliato e tagliato a fette
- 100g di lattuga romana, tagliata a pezzi
- 30g di crostini
- 2 cucchiai di salsa Caesar
- 2 cucchiai di parmigiano grattugiato

Istruzioni:

1. In una ciotola, unisci la lattuga romana tagliata a pezzetti, il pollo grigliato a fette e i crostini.
2. Condisci il tutto con il Caesar dressing e fai saltare il tutto.
3. Cospargi di parmigiano grattugiato e servi.

350 kcal

10 minuti

difficoltà 1/5

NO vegetariano - NO vegano

Insalata di spinaci, avocado e pollo

Un'insalata ricca di sostanze nutritive con avocado, pollo ricco di proteine e spinaci ricchi di ferro.

Ingredienti:

- 1 petto di pollo, grigliato e tagliato a fette
- 100g di spinaci freschi
- 1 avocado maturo, tagliato a fette
- Olio d'oliva, succo di limone, sale e pepe a piacere

Istruzioni:

1. Disponi gli spinaci su un piatto. Aggiungi le fette di pollo grigliato e l'avocado.
2. Condisci con olio d'oliva e succo di limone. Condisci con sale e pepe.
3. Mescola delicatamente e servi.

400 kcal

10 minuti

difficoltà 1/5

NO vegetariano - NO vegano

Piadina di ceci e verdure

Questa piadina sostanziosa contiene ceci ricchi di proteine e varie verdure fresche e croccanti.

Ingredienti:

- 1 piadina integrale
- 120g di ceci cotti
- 30g di cetriolo, a fette
- 30g di peperone, tagliato a fette
- 30g di pomodoro, a fette
- 30g di lattuga
- 2 cucchiai di hummus

Istruzioni:

1. Distribuisci l'hummus sulla piadina.
2. Disponi ceci, cetrioli, peperoni, pomodori e lattuga sulla piadina.
3. Arrotola la piadina, rimbocca le estremità e tagliala a metà prima di servirla.

350 kcal

10 minuti

difficoltà 1/5

vegetariano - vegano

Zuppa di tacchino, spinaci e quinoa

Una zuppa calda e soddisfacente, ricca di proteine magre, cereali sostanziosi e spinaci nutrienti.

Ingredienti:

- 120g di quinoa cotta
- 250g di petto di tacchino, cotto e sminuzzato
- 100g di spinaci
- 1L di brodo di pollo
- Sale e pepe a piacere

Istruzioni:

1. In una pentola, unisci la quinoa, il tacchino, gli spinaci e il brodo di pollo.
2. Porta a ebollizione, poi riduci la fiamma e fai sobbollire per qualche minuto fino a quando non si sarà riscaldato.
3. Condisci con sale e pepe e servi caldo.

400 kcal

10 minuti

difficoltà 2/5

NO vegetariano - NO vegano

Gamberi alla griglia con salsa di mango

Questo piatto di ispirazione tropicale è caratterizzato da succulenti gamberi grigliati abbinati a una salsa di mango fresca e piccante.

Ingredienti:

- 10 gamberi grandi, sgusciati e decorticati
- 1 mango maturo, sbucciato e tagliato a cubetti
- 1/4 di cipolla rossa, tritata finemente
- 1 peperoncino jalapeño, privo di semi e tritato finemente
- Succo di 1 lime
- Sale e pepe a piacere
- 1 cucchiaio di olio d'oliva

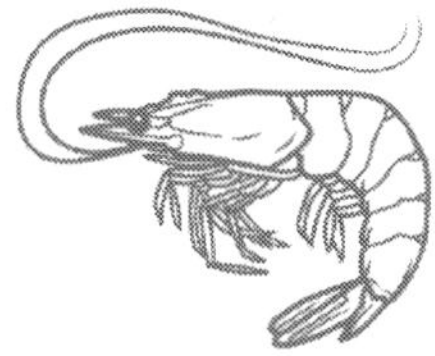

Istruzioni:

1. Preriscalda la griglia o la padella a fuoco medio. Condisci i gamberi con sale, pepe e olio d'oliva. Grigliali per 1-2 minuti su ogni lato o finché non diventano rosa e opachi.
2. In una ciotola a parte, unisci il mango tagliato a cubetti, la cipolla tritata, il peperoncino jalapeño e il succo di lime. Mescola bene.
3. Servi i gamberi alla griglia con la salsa di mango a parte.

300 kcal

10 minuti

difficoltà 2/5

NO vegetariano - NO vegano

Insalata di verdure arrostite e quinoa

Un'insalata ricca di fibre, vitamine e proteine.

Ingredienti:

- 120g di quinoa cotta
- 250g di verdure miste (come peperoni, zucchine e pomodori ciliegini), arrostite
- 1 cucchiaio di olio d'oliva
- Sale e pepe a piacere
- 2 cucchiai di vinaigrette balsamica

Istruzioni:

1. Unisci le verdure arrostite alla quinoa cotta.
2. Condisci con olio d'oliva e vinaigrette balsamica. Condisci con sale e pepe. Mescola bene prima di servire.

400 kcal

10 minuti

difficoltà 1/5

vegetariano - vegano

Salmone e asparagi alla senape di miele

Questo piatto veloce e saporito combina il salmone, che fa bene al cuore, con gli asparagi, ricchi di fibre.

Ingredienti:

- 1 filetto di salmone
- 1 mazzo di asparagi tagliati
- 2 cucchiai di senape al miele
- Sale e pepe a piacere
- 1 cucchiaio di olio d'oliva

Istruzioni:

1. Preriscalda la griglia o la padella a fuoco medio. Condisci il salmone e gli asparagi con sale, pepe e olio d'oliva.
2. Grigliare il salmone per circa 3-4 minuti su ogni lato o fino a quando non sarà cotto a vostro piacimento.
3. Grigliare gli asparagi per 2-3 minuti, girando di tanto in tanto, finché non saranno teneri e leggermente bruciati.
4. Servi il salmone e gli asparagi con un filo di senape al miele.

450 kcal

10 minuti

difficoltà 2/5

NO vegetariano - NO vegano

Bowl vegetariana con riso integrale

Questa ciotola saziante e nutriente presenta un equilibrio di cereali, verdure e proteine.

Ingredienti:

- 120g di riso integrale cotto
- 120g di ceci cotti
- 250g di verdure miste (come peperoni, cetrioli e avocado), tagliate a fette
- 1 cucchiaio di olio di semi di girasole
- Succo di limone, sale e pepe a piacere

Istruzioni:

1. In una ciotola, disponi il riso integrale, i ceci e le verdure tagliate a fette.
2. Condisci con olio di semi di girasole e una spruzzata di succo di limone. Condisci con sale e pepe.
3. Mescola prima di mangiare per amalgamare tutti gli ingredienti.

400 kcal

10 minuti

difficoltà 1/5

vegetariano - vegano

Mangiare in modo sano non deve necessariamente richiedere tempo o essere noioso. Come dimostrano queste quaranta ricette per il pranzo, puoi preparare pasti sani e soddisfacenti in soli dieci minuti, anche con un'agenda fitta di impegni. Ogni ricetta offre un equilibrio di proteine, carboidrati e verdure, con un'ampia varietà che non mancherà di entusiasmare le tue papille gustative. Questi pasti non solo sono facili e veloci da preparare, ma ti fanno anche risparmiare rispetto al pranzo fuori casa. Quindi, inizia a cucinare a casa e assapora la bontà di questi pasti nutrienti fatti in casa.

CENE RAPIDE, SALUTARI E ALLO STESSO TEMPO GUSTOSE

Perche la cena e importante

La cena, spesso considerata il "pasto principale" della giornata, è una componente vitale delle nostre abitudini alimentari. La sua importanza è molteplice e influenza la nostra salute, il nostro benessere e le nostre prestazioni quotidiane.

Innanzitutto, una cena ben bilanciata è essenziale per mantenere una buona salute. Dovrebbe essere ricca di proteine magre, cereali integrali e varie verdure colorate. Le proteine favoriscono la crescita e la riparazione muscolare, mentre i cereali integrali forniscono carboidrati complessi per un'energia sostenuta. Le verdure apportano vitamine e minerali essenziali per varie funzioni corporee. Combinati, questi gruppi di alimenti forniscono i nutrienti necessari per un funzionamento ottimale del corpo.

In secondo luogo, la cena fornisce l'energia di cui il nostro corpo ha bisogno durante la notte. Mentre dormiamo, il nostro corpo continua a lavorare, riparando le cellule, mantenendo i nostri organi ed elaborando le esperienze della giornata in memoria. Consumare una cena densa di nutrienti assicura al corpo risorse sufficienti per svolgere questi compiti vitali.

Inoltre, la cena gioca un ruolo fondamentale nella gestione del peso. Saltare la cena o consumare pasti elaborati e poco salutari può portare a un aumento di peso e ad altri problemi di salute. Una cena equilibrata aiuta a mantenere attivo il nostro metabolismo, favorendo la digestione e l'assorbimento dei nutrienti e prevenendo un aumento di peso indesiderato.

Infine, la cena è spesso un pasto condiviso che favorisce la connessione e la comunicazione tra familiari e amici. La preparazione di cene fatte in casa incoraggia un'alimentazione

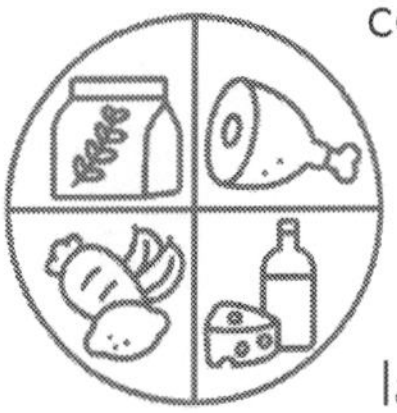

consapevole e può portare a scelte alimentari migliori. È un'opportunità per provare nuovi cibi, imparare a conoscere la nutrizione e stabilire abitudini alimentari sane che dureranno per tutta la vita.

Tuttavia, nel mondo frenetico in cui viviamo, trovare il tempo per preparare una cena sana può essere una sfida. È qui che entra in gioco la magia delle ricette sane e veloci. Le seguenti trenta ricette per la cena possono essere preparate in soli 10 minuti. Ogni ricetta è pensata per essere non solo nutriente ma anche gustosa e soddisfacente, soddisfacendo tutti i criteri di una cena sana. Che tu sia vegano, vegetariano o amante delle proteine magre, ce n'è per tutti i gusti.

30 ricette per cene sane e soddisfacenti

Pollo grigliato con erbe e limone, accompagnato da quinoa

Ingredienti:

- 2 petti di pollo
- Succo e scorza di 1 limone
- 2 cucchiai di olio d'oliva
- 1 cucchiaino di basilico essiccato
- 1 cucchiaino di origano secco
- 1 cucchiaino di timo secco
- 250g di quinoa cotta
- Sale e pepe a piacere

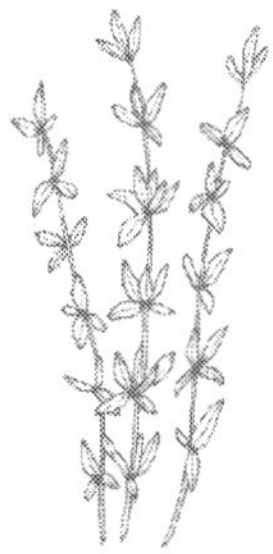

Istruzioni:

1. Preriscalda la griglia a fuoco medio-alto.
2. In una ciotola, unisci il succo di limone, la scorza di limone, l'olio d'oliva, il basilico secco, l'origano secco, il timo secco, il sale e il pepe.
3. Metti a marinare i petti di pollo nella miscela per 10 minuti.
4. Griglia i petti di pollo per circa 6-8 minuti per lato o fino a cottura completa.
5. Lascia riposare il pollo per qualche minuto, quindi affettalo.
6. Servi il pollo alla griglia su un letto di quinoa cotta.

350 kcal

15 minuti

difficoltà 2/5

NO vegetariano - NO vegano

Gamberi e broccoli saltati in padella

Ingredienti:

- 1 etto di gamberetti, sgusciati e decorticati
- 100g di cimette di broccoli
- 2 spicchi d'aglio, tritati
- 1 cucchiaio di salsa di soia
- 1 cucchiaio di olio di sesamo
- 1 cucchiaio di olio d'oliva
- Sale e pepe a piacere

Istruzioni:

1. Scalda l'olio d'oliva in una padella grande o in un wok a fuoco medio-alto.
2. Aggiungi l'aglio tritato e soffriggi per circa 1 minuto fino a quando non sarà fragrante.
3. Aggiungi i gamberi alla padella e falli cuocere per 2-3 minuti fino a quando non saranno rosati e cotti.
4. Aggiungi le cimette dei broccoli e continua a cuocere per altri 2-3 minuti fino a quando non saranno teneri e croccanti.
5. Condisci con salsa di soia e olio di sesamo.
6. Condisci con sale e pepe a piacere.
7. Soffriggi per un altro minuto fino a quando non saranno ben combinati.
8. Servire caldo.

250 kcal

10 minuti

difficoltà 2/5

NO vegetariano - NO vegano

Bowl di patate dolci e ceci

Ingredienti:

- 1 patata dolce grande, sbucciata e tagliata a cubetti
- 400g di ceci, scolati e sciacquati
- 1 cucchiaio di olio d'oliva
- 1 cucchiaino di paprika affumicata
- 1/2 cucchiaino di cumino
- Sale e pepe a piacere
- 100g di quinoa cotta
- Verdure miste
- Avocado a fette
- Condimento al limone olio di semi di girasole (facoltativo)

Istruzioni:

1. Preriscalda il forno a 220°C.
2. In una ciotola, fai saltare i cubetti di patate dolci e i ceci con olio d'oliva, paprika affumicata, cumino, sale e pepe.
3. Distribuiscile su una teglia da forno e arrostiscile per 20-25 minuti, finché le patate dolci non saranno tenere e leggermente croccanti.
4. Metti nella ciotola da portata la quinoa cotta, le verdure miste, le patate dolci arrostite e i ceci.
5. Condisci con l'avocado a fette e irrora con il condimento al limone olio di semi di girasole, se lo desideri.
6. Servire e gustare!

3400 kcal

30 minuti

difficoltà 2/5

vegetariano - vegano

Salmone al forno con salsa all'aneto e limone

Ingredienti:

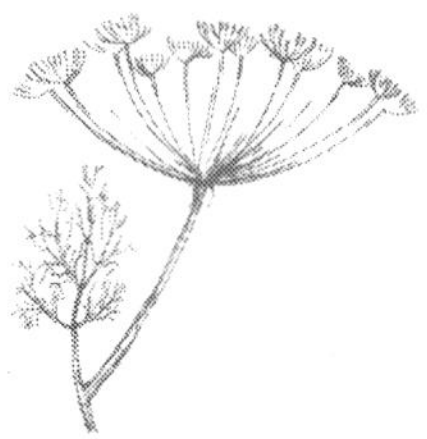

- 2 filetti di salmone
- 2 cucchiai di olio d'oliva
- Succo di 1 limone
- 1 cucchiaino di aneto essiccato
- Sale e pepe a piacere
- Fette di limone (per servire)

Istruzioni:

1. Preriscalda il forno a 190°C.
2. Posiziona i filetti di salmone su una teglia rivestita di carta da forno.
3. Condisci i filetti con olio d'oliva e succo di limone.
4. Cospargi i filetti di aneto secco, sale e pepe in modo uniforme.
5. Inforna per 12-15 minuti, o fino a quando il salmone sarà cotto e si sfalderà facilmente con una forchetta.
6. Servi con spicchi di limone a parte.
7. Buon divertimento!

350 kcal

20 minuti

difficoltà 2/5

NO vegetariano - NO vegano

Tacchino macinato e verdure in padella

Ingredienti:

- 500 grammi di carne di tacchino macinata
- 1 cucchiaio di olio d'oliva
- 1 cipolla piccola, tagliata a cubetti
- 2 spicchi d'aglio, tritati
- 1 peperone, tagliato a cubetti
- 1 zucchina, tagliata a cubetti
- 250g di pomodori ciliegini tagliati a metà
- 1 cucchiaino di origano secco
- 1 cucchiaino di basilico essiccato
- Sale e pepe a piacere

Istruzioni:

1. Scalda l'olio d'oliva in una padella grande a fuoco medio.
2. Aggiungi il tacchino macinato e cuoci fino a quando non sarà rosolato e cotto. Riduci il tacchino in briciole.
3. Aggiungi alla padella la cipolla tagliata a cubetti e l'aglio tritato e fai cuocere fino a quando la cipolla non sarà traslucida.
4. Aggiungi alla padella i peperoni, le zucchine e i pomodorini tagliati a cubetti. Cuoci per qualche minuto fino a quando le verdure saranno tenere.
5. Spolvera il composto con origano essiccato, basilico essiccato, sale e pepe. Mescola bene per combinare il tutto.
6. Cuoci per altri 2-3 minuti per permettere ai sapori di fondersi.
7. Servi caldo e goditi questo piatto saporito e nutriente!

300 kcal

25 minuti

difficoltà 4/5

NO vegetariano - NO vegano

Piadina di pollo mediterraneo

Ingredienti:

- 2 piadine integrali grandi
- 2 petti di pollo cotti, tagliati a fette
- 30g di hummus
- 30g di cetriolo a cubetti
- 30g di pomodori a cubetti
- 30g di olive nere a fette
- 2 cucchiai di formaggio feta sbriciolato
- Prezzemolo fresco tritato (per guarnire)

Istruzioni:

1. Distribuisci l'hummus in modo uniforme su ogni piadina.
2. Distribuisci sull'hummus il pollo a fette, i cubetti di cetriolo, i cubetti di pomodoro, le fette di olive nere e il formaggio feta sbriciolato.
3. Cospargi di prezzemolo fresco per insaporire e guarnire.
4. Arrotola le piadine in modo stretto, rimboccando i lati man mano che procedi.
5. Taglia a metà gli involtini e servili subito, oppure avvolgili nella carta stagnola per un comodo pranzo in movimento.

350 kcal

15 minuti

difficoltà 2/5

NO vegetariano - NO vegano

Peperoni ripieni di quinoa

Ingredienti:

- 4 peperoni (di qualsiasi colore), privati della parte superiore e dei semi
- 250g di quinoa cotta
- 250g di fagioli neri, sciacquati e scolati
- 250g di chicchi di mais
- 120g di pomodori a cubetti
- 120g di formaggio cheddar tagliuzzato (facoltativo)
- 1 cucchiaino di peperoncino in polvere
- 1/2 cucchiaino di cumino
- Sale e pepe a piacere

Istruzioni:

1. Preriscalda il forno a 190°C.
2. In una ciotola grande, unisci la quinoa cotta, i fagioli neri, i chicchi di mais, i pomodori a cubetti, il formaggio cheddar a scaglie (se lo usi), il peperoncino in polvere, il cumino, il sale e il pepe. Mescola bene per amalgamare il tutto.
3. Farcisci ogni peperone con il composto di quinoa, premendo delicatamente.
4. Metti i peperoni ripieni in una teglia e coprili con un foglio di alluminio.
5. Inforna per 25-30 minuti o finché i peperoni non saranno teneri e il ripieno non si sarà riscaldato.
6. Togli dal forno e lascia raffreddare leggermente prima di servire.
7. Goditi questi colorati e nutrienti peperoni ripieni di quinoa!

300 kcal

35 minuti

difficoltà 3/5

vegetariano - NO vegano (contiene formaggio)

Curry vegano al cocco

Ingredienti:

- 1 cucchiaio di olio di cocco
- 1 cipolla, tritata
- 2 spicchi d'aglio, tritati
- 1 cucchiaio di curry in polvere
- 1 cucchiaino di curcuma
- 400g di latte di cocco
- 250g di brodo vegetale
- 100g di verdure miste (come carote, peperoni e broccoli)
- 250g di ceci, scolati e sciacquati
- Sale e pepe a piacere
- Coriandolo fresco tritato (per guarnire)

Istruzioni:

1. Scalda l'olio di cocco in una grande padella o pentola a fuoco medio.
2. Aggiungi alla padella la cipolla tritata e l'aglio tritato. Cuoci fino a quando la cipolla non sarà morbida e traslucida.
3. Aggiungi la polvere di curry e la curcuma e cuoci per un altro minuto per far tostare le spezie.
4. Versa il latte di cocco e il brodo vegetale. Porta a ebollizione.
5. Aggiungi le verdure miste e i ceci alla padella. Cuoci per 10-15 minuti o finché le verdure non saranno tenere.
6. Condisci con sale e pepe a piacere.
7. Servi il curry vegano al cocco sul riso cotto o sulla quinoa. Guarnisci con coriandolo fresco.
8. Goditi questo curry profumato e saporito che è confortante e nutriente!

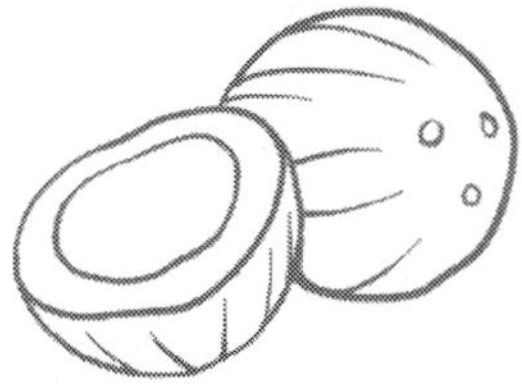

350 kcal

30 minuti

difficoltà 2/5

vegetariano - vegano

Tagliatelle di zucchine con salsa all'avocado

Ingredienti:

- 2 zucchine medie, tagliate a spirale o a spaghetti
- 1 avocado maturo
- 1 spicchio d'aglio tritato
- 1 cucchiaio di succo di limone fresco
- 2 cucchiai di basilico fresco tritato
- Sale e pepe a piacere
- Guarnizioni facoltative: pomodori ciliegini, parmigiano grattugiato, pinoli.

Istruzioni:

1. In un frullatore o in un robot da cucina, unisci l'avocado maturo, l'aglio tritato, il succo di limone fresco, il basilico tritato, il sale e il pepe. Frulla fino a ottenere un composto omogeneo e cremoso.
2. In una padella grande, scalda un po' di olio d'oliva a fuoco medio.
3. Aggiungi le tagliatelle di zucchine alla padella e falle saltare per 2-3 minuti o finché non saranno tenere.
4. Versa la salsa di avocado sulle tagliatelle di zucchine e falle saltare per ricoprirle uniformemente.
5. Servi le tagliatelle di zucchine con guarnizioni facoltative come pomodorini, parmigiano grattugiato o pinoli per aggiungere sapore e consistenza.
6. Goditi questo piatto leggero e rinfrescante, ricco di grassi sani e sostanze nutritive!

250 kcal

15 minuti

difficoltà 2/5

vegetariano - vegano

Salmone al forno all'aglio e miele

Ingredienti:

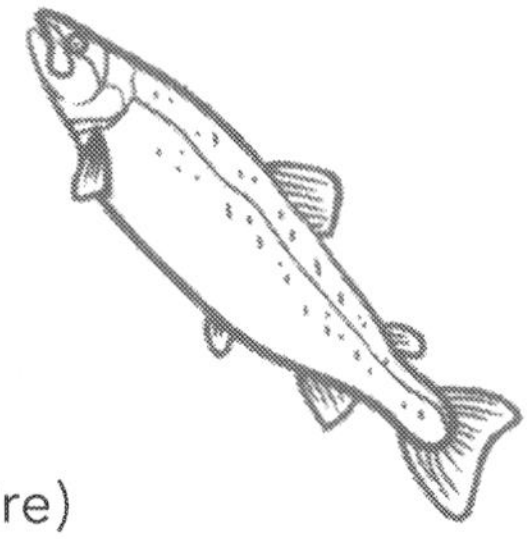

- 2 filetti di salmone
- 2 cucchiai di miele
- 2 spicchi d'aglio, tritati
- 1 cucchiaio di salsa di soia
- 1 cucchiaio di olio d'oliva
- Sale e pepe a piacere
- Spicchi di limone fresco (per servire)

Istruzioni:

1. Preriscalda il forno a 190°C e fodera una teglia con carta da forno.
2. In una piccola ciotola, sbatti insieme miele, aglio tritato, salsa di soia, olio d'oliva, sale e pepe.
3. Posiziona i filetti di salmone sulla teglia preparata. Spennella la salsa all'aglio e miele su ogni filetto, coprendolo in modo uniforme.
4. Inforna il salmone per 12-15 minuti, o fino a quando non sarà cotto e si sfalderà facilmente con una forchetta.
5. Togli dal forno e lascia riposare il salmone per qualche minuto.
6. Servi il salmone al forno all'aglio e miele con spicchi di limone fresco per aggiungere un po' di pepe e brillantezza.

300 kcal

20 minuti

difficoltà 2/5

NO vegetariano - NO vegano

Insalata Caesar di pollo alla griglia

Ingredienti:

- 2 petti di pollo disossati e senza pelle
- 1 cucchiaio di olio d'oliva
- Sale e pepe a piacere
- Lattuga Romana, tagliata a pezzetti
- Condimento Caesar
- Parmigiano grattugiato
- Crostini

Istruzioni:

1. Preriscalda una griglia o una padella a fuoco medio.
2. Strofina i petti di pollo con olio d'oliva e condiscili con sale e pepe.
3. Grigliare il pollo per 6-8 minuti per lato o fino a quando non sarà cotto e i succhi saranno trasparenti. Lascialo riposare per qualche minuto, poi taglialo a strisce.
4. In una ciotola grande, unisci la lattuga romana tagliata a pezzetti, le strisce di pollo grigliato, il condimento Caesar, il parmigiano grattugiato e i crostini. Mescola bene per ricoprire l'insalata in modo uniforme.
5. Dividi l'insalata nei piatti e completa con altro parmigiano grattugiato e crostini, se lo desideri.
6. Goditi questa classica e soddisfacente insalata di pollo grigliato alla Caesar come una cena deliziosa e saziante!

400 kcal

20 minuti

difficoltà 2/5

NO vegetariano - NO vegano

Tacos di fagioli neri e mais

Ingredienti:

- 420g di fagioli neri, sciacquati e scolati
- 250g di chicchi di mais (freschi o congelati)
- 1/2 peperone rosso, tagliato a cubetti
- 1/4 di cipolla rossa, tagliata a cubetti
- 30g di coriandolo fresco tritato
- 1 cucchiaio di succo di lime
- 1/2 cucchiaino di peperoncino in polvere
- Una quantità a piacere di cumino
- Sale e pepe a piacere
- Piadine morbide
- Guarnizioni facoltative: avocado a cubetti, lattuga tagliuzzata, salsa, panna acida.

Istruzioni:

1. In una ciotola, unisci i fagioli neri, i chicchi di mais, il peperone rosso tagliato a cubetti, la cipolla rossa tagliata a cubetti, il coriandolo tritato, il succo di lime, il peperoncino in polvere, il cumino, il sale e il pepe. Mescola bene per amalgamare il tutto.
2. Scalda le piadine morbide in una padella o nel microonde.
3. Distribuisci il composto di fagioli neri e mais su ogni piadina. Aggiungi i condimenti desiderati, come avocado a cubetti, lattuga tagliuzzata, salsa o panna acida.
4. Arrotola le piadine per formare i tacos e servili caldi.
5. Goditi questi saporiti e soddisfacenti Tacos di fagioli neri e mais, ricchi di proteine e verdure!

300 kcal

15 minuti

difficoltà 2/5

vegetariano - vegano

Curry di lenticchie e spinaci

Ingredienti:

- 250g di lenticchie secche, sciacquate
- 1 cucchiaio di olio d'oliva
- 1 cipolla, tritata
- 2 spicchi d'aglio, tritati
- 1 cucchiaio di curry in polvere
- 1 cucchiaino di cumino macinato
- 1 cucchiaino di coriandolo macinato
- 400g di pomodori a cubetti
- 250g di brodo vegetale
- 100g di spinaci freschi
- Sale e pepe a piacere
- Riso cotto o pane naan (per servire)

Istruzioni:

1. In una pentola, cuoci le lenticchie secondo le istruzioni della confezione fino a quando non saranno tenere. Scolale e mettile da parte.
2. Scalda l'olio d'oliva in una padella grande a fuoco medio. Aggiungi la cipolla tritata e l'aglio tritato e soffriggi finché non si ammorbidiscono.
3. Aggiungi alla padella il curry in polvere, il cumino e il coriandolo macinati e mescola per un minuto fino a quando non saranno fragranti.
4. Versa i pomodori a cubetti con il loro succo e il brodo vegetale. Mescola bene per amalgamare il tutto.
5. Aggiungi le lenticchie cotte alla padella e fai cuocere a fuoco lento per circa 10 minuti per permettere ai sapori di fondersi insieme.

6. Aggiungi le foglie di spinaci freschi e fai cuocere fino a quando non saranno appassite.
7. Aggiungi sale e pepe a seconda dei tuoi gusti.
8. Servi il curry di lenticchie e spinaci sul riso cotto o con del pane naan a parte.

350 kcal

30 minuti

difficoltà 2/5

vegetariano - vegano

Polpette di tacchino con spaghetti di zucca

Ingredienti:

- 1 zucca Spaghetti (varietà di zucca)
- 500 grammi di carne macinata di tacchino
- 30g di pangrattato
- 30g di parmigiano grattugiato
- 30g di prezzemolo fresco tritato
- 1 uovo sbattuto
- 2 spicchi d'aglio, tritati
- 1 cucchiaino di origano secco
- 1/2 cucchiaino di basilico essiccato
- Sale e pepe a piacere
- Salsa marinara (per servire)
- Foglie di basilico fresco (per guarnire)

Istruzioni:

1. Preriscalda il forno a 200°C. Taglia gli spaghetti a metà nel senso della lunghezza e rimuovi i semi.
2. Posiziona le metà degli spaghetti con il lato tagliato verso il basso su una teglia rivestita di carta da forno. Inforna per 30-40 minuti o finché la zucca non sarà tenera e i filamenti non saranno facilmente separabili con una forchetta.
3. In una ciotola, unisci il tacchino macinato, il pangrattato, il parmigiano grattugiato, il prezzemolo fresco tritato, l'uovo sbattuto, l'aglio tritato, l'origano secco, il basilico secco, il sale e il pepe. Mescola bene per amalgamare il tutto.
4. Forma con l'impasto delle polpette della dimensione desiderata.

5. Scalda un po' di olio d'oliva in una padella a fuoco medio. Aggiungi le polpette di tacchino e falle cuocere fino a quando non saranno dorate su tutti i lati e cotte.
6. Scalda la salsa marinara in una padella a parte.
7. Usa una forchetta per separare i fili degli spaghetti dalla buccia. Dividi gli spaghetti nei piatti.
8. Aggiungi agli spaghetti di zucca le polpette di tacchino cotte e versaci sopra la salsa marinara.
9. Guarnisci con foglie di basilico fresco.

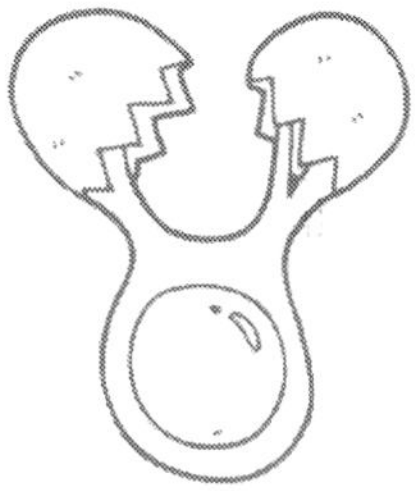

400 kcal

45 minuti

difficoltà 3/5

NO vegetariano - NO vegano

Soffritto di verdure e tofu

Ingredienti:

- 400g di tofu, pressato e tagliato a cubetti
- 2 cucchiai di salsa di soia
- 1 cucchiaio di olio di sesamo
- 1 cucchiaio di olio vegetale
- 1 peperone, tagliato a fette
- 1 zucchina, tagliata a fette
- 1 carota, tagliata a fette
- 250g di cimette di broccoli
- 2 spicchi d'aglio, tritati
- 1 cucchiaino di zenzero grattugiato
- Sale e pepe a piacere
- Riso o pasta cotta (per servire)

Istruzioni:

1. In una ciotola, unisci il tofu a cubetti, la salsa di soia e l'olio di sesamo. Lascia marinare il tofu per 10-15 minuti.
2. Scalda l'olio vegetale in una padella grande o in un wok a fuoco medio-alto. Aggiungi il tofu marinato e fallo cuocere fino a quando non sarà dorato su tutti i lati. Rimuovi il tofu dalla padella e mettilo da parte.
3. Nella stessa padella, aggiungi peperoni, zucchine, carote, cimette di broccoli, aglio tritato e zenzero grattugiato. Soffriggi per 5-6 minuti o finché le verdure non diventano croccanti e tenere.
4. Riporta il tofu nella padella e soffriggi per altri 2-3 minuti per riscaldarlo.
5. Condisci con sale e pepe a piacere.
6. Servi il soffritto di verdure e tofu su riso o noodles cotti.

7. Goditi questo colorato e nutriente soffritto di verdure e tofu come una cena deliziosa e soddisfacente!

300 kcal

25 minuti

difficoltà 2/5

vegetariano - vegano

Gamberi piccanti con pure di cavolfiore

Ingredienti:

- 1 etto di gamberetti, sgusciati e decorticati
- 1 cucchiaio di olio d'oliva
- 1 cucchiaino di paprika
- 1/2 cucchiaino di peperoncino in polvere (da regolare a piacere)
- Sale e pepe a piacere
- 1 testa di cavolfiore, tagliata a cimette
- 2 cucchiai di burro o olio d'oliva
- 30g di parmigiano grattugiato
- Prezzemolo fresco tritato (per guarnire)

Istruzioni:

1. In una ciotola, fai saltare i gamberi con olio d'oliva, paprika, peperoncino in polvere, sale e pepe. Mettili da parte a marinare per 10 minuti.
2. Cuoci le cimette di cavolfiore a vapore fino a quando non saranno tenere. Scola bene.
3. In un frullatore o in un robot da cucina, frulla il cavolfiore cotto al vapore, il burro o l'olio d'oliva, il parmigiano grattugiato, il sale e il pepe fino a ottenere una consistenza omogenea e cremosa.
4. Scalda una padella a fuoco medio. Aggiungi i gamberi marinati e falli cuocere per 2-3 minuti su ogni lato fino a quando non saranno rosati e cotti.
5. Servi i gamberi piccanti sopra il purè di cavolfiore.
6. Guarnisci con del prezzemolo fresco tritato.
7. Servire caldo

350 kcal

30 minuti

difficoltà 2/5

NO vegetariano - NO vegano

Merluzzo al forno alla greca

Ingredienti:

- 4 filetti di merluzzo
- 1 limone, tagliato a fette
- 2 cucchiai di olio d'oliva
- 2 spicchi d'aglio, tritati
- 1 cucchiaino di origano secco
- Sale e pepe a piacere
- 120g di pomodori ciliegini, tagliati a metà
- 30g di olive, snocciolate e tritate
- 2 cucchiai di formaggio feta sbriciolato
- Prezzemolo fresco per guarnire

Istruzioni:

1. Preriscalda il forno a 200°C.
2. Posiziona i filetti di merluzzo in una pirofila. Disponi le fette di limone sopra i filetti.
3. In una piccola ciotola, mescola olio d'oliva, aglio tritato, origano secco, sale e pepe. Distribuisci il composto sui filetti di merluzzo.
4. Distribuisci i pomodorini e le olive intorno ai filetti di merluzzo.
5. Cuoci nel forno preriscaldato per 15-20 minuti o fino a quando il merluzzo sarà cotto e si sfalderà facilmente con una forchetta.
6. Cospargi il merluzzo al forno con il formaggio feta sbriciolato.
7. Servire caldo e gustare.

200 kcal

25 minuti

difficoltà 2/5

NO vegetariano - NO vegano

Chili vegano

Ingredienti:

- 1 cucchiaio di olio d'oliva
- 1 cipolla, tagliata a cubetti
- 2 spicchi d'aglio, tritati
- 1 peperone rosso, tagliato a cubetti
- 1 peperone verde, tagliato a cubetti
- 1 peperoncino jalapeño, privo di semi e tritato finemente
- 2 carote, tagliate a cubetti
- 1 zucchina, tagliata a cubetti
- 400g di pomodori a cubetti
- 400g di fagioli rossi, scolati e risciacquati
- 400g di fagioli neri, scolati e sciacquati
- 420g di chicchi di mais, sgocciolati
- 100g di brodo vegetale
- 2 cucchiai di peperoncino in polvere
- 1 cucchiaino di cumino
- Sale e pepe a piacere
- Coriandolo fresco per guarnire

Istruzioni:

1. Scalda l'olio d'oliva in una pentola grande a fuoco medio. Aggiungi la cipolla tagliata a cubetti e l'aglio tritato. Soffriggi fino a quando la cipolla non sarà traslucida e fragrante.
2. Aggiungi alla pentola i peperoni rossi e verdi tagliati a cubetti, lo jalapeno tritato, le carote e le zucchine. Fai cuocere per 5-7 minuti, finché le verdure non iniziano ad ammorbidirsi.
3. Aggiungi i pomodori tagliati a cubetti, i fagioli rossi, i fagioli neri, i chicchi di mais, il brodo vegetale, il peperoncino in polvere, il cumino, il sale e il pepe.

4. Porta il peperoncino a ebollizione, poi riduci la fiamma al minimo. Fai sobbollire per 20-30 minuti, in modo che i sapori si fondano.
5. Assaggia e regola i condimenti se necessario.
6. Servi il chili vegano caldo, guarnito con coriandolo fresco.

250 kcal

40 minuti

difficoltà 2/5

vegetariano - vegano

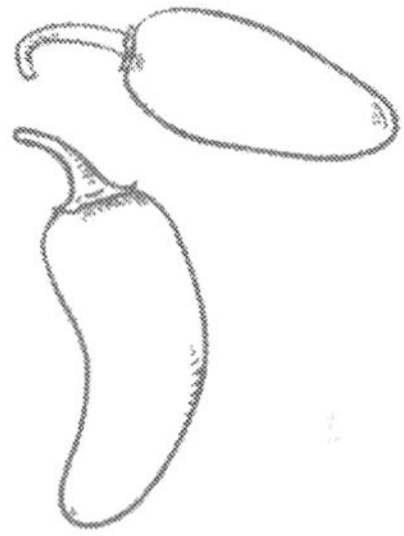

Tagliatelle di zucchine al pesto con pollo

Ingredienti:

- 2 zucchine, tagliate a spirale
- 1 petto di pollo, cotto e tagliato a fette
- 2 cucchiai di salsa al pesto
- 1 cucchiaio di olio d'oliva
- 30g di pomodori ciliegini, tagliati a metà
- 2 cucchiai di parmigiano grattugiato
- Sale e pepe a piacere

Istruzioni:

1. Scalda l'olio d'oliva in una padella a fuoco medio. Aggiungi gli spaghetti di zucchine e falli cuocere per 2-3 minuti fino a quando non saranno teneri.
2. Aggiungi le fette di pollo cotte alla padella e riscaldale.
3. Aggiungi la salsa al pesto, i pomodorini, il sale e il pepe. Fai cuocere per un altro minuto.
4. Togli dal fuoco e cospargi di parmigiano grattugiato.
5. Servi le tagliatelle di zucchine al pesto con il pollo caldo.
6. Goditi questo piatto saporito e a basso contenuto di carboidrati!

300 kcal

15 minuti

difficoltà 2/5

NO vegetariano - NO vegano

Peperoni ripieni di quinoa e fagioli neri

Ingredienti:

- 4 peperoni
- 250g di quinoa cotta
- 400g di fagioli neri, scolati e sciacquati
- 120g di chicchi di mais
- 120g di pomodori a cubetti
- 30g di cipolla rossa tritata
- 30g di coriandolo fresco tritato
- 1 cucchiaino di cumino
- 1/2 cucchiaino di peperoncino in polvere
- Sale e pepe a piacere
- 120g di formaggio cheddar tagliuzzato (facoltativo)

Istruzioni:

1. Preriscalda il forno a 190°C.
2. Taglia la parte superiore dei peperoni e rimuovi i semi e le membrane.
3. In una ciotola, unisci la quinoa cotta, i fagioli neri, i chicchi di mais, i pomodori a cubetti, la cipolla rossa, il coriandolo, il cumino, il peperoncino in polvere, il sale e il pepe. Mescola bene.
4. Farcisci i peperoni con il composto di quinoa e fagioli neri.
5. Metti i peperoni ripieni in una teglia e coprili con un foglio di alluminio.
6. Cuoci nel forno preriscaldato per 25 minuti.
7. Rimuovi la pellicola e cospargi di formaggio cheddar a scaglie, se lo desideri.
8. Inforna per altri 5 minuti fino a quando il formaggio sarà fuso e spumeggiante.

9. Servi i peperoni ripieni di quinoa e fagioli neri caldi.

300 kcal

35 minuti

difficoltà 2/5

vegetariano - NO vegano (contiene formaggio)

Pollo al limone e pepe al forno

Ingredienti:

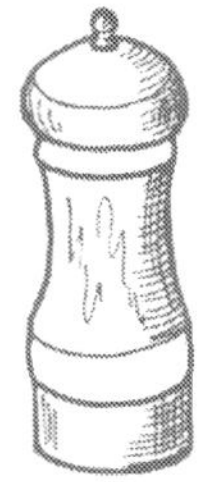

- 4 petti di pollo
- 2 limoni, spremuti e tagliati a scorza
- 2 cucchiai di olio d'oliva
- 1 cucchiaino di pepe nero
- 1/2 cucchiaino di sale
- 1 cucchiaino di timo secco
- 1 cucchiaino di aglio in polvere

Istruzioni:

1. Preriscalda il forno a 190°C.
2. In una piccola ciotola, sbatti insieme il succo di limone, la scorza di limone, l'olio d'oliva, il pepe nero, il sale, il timo secco e l'aglio in polvere.
3. Metti i petti di pollo in una pirofila e versaci sopra il composto di limone e pepe, assicurandoti che siano ben ricoperti.
4. Cuoci nel forno preriscaldato per 25-30 minuti o fino a quando il pollo sarà cotto e raggiungerà una temperatura interna di 75°C circa.
5. Togli il pollo dal forno e lascialo riposare per qualche minuto prima di servirlo.
6. Taglia i petti di pollo a fette e servili caldi con un contorno a scelta.

250 kcal

35 minuti

difficoltà 2/5

NO vegetariano - NO vegano

Pasta con melanzane e salsa di pomodoro

Ingredienti:

- 220g di spaghetti integrali
- 1 melanzana grande, tagliata a cubetti
- 2 spicchi d'aglio, tritati
- 400g di pomodori a cubetti
- 30g di concentrato di pomodoro
- 1 cucchiaino di origano secco
- 1/2 cucchiaino di basilico essiccato
- Sale e pepe a piacere
- Foglie di basilico fresco per guarnire

Istruzioni:

1. Cuoci gli spaghetti integrali secondo le istruzioni della confezione fino a quando non saranno al dente. Scola e metti da parte.
2. Scalda un cucchiaio di olio d'oliva in una padella a fuoco medio. Aggiungi le melanzane tagliate a cubetti e falle saltare fino a quando non si ammorbidiscono e si dorano leggermente.
3. Aggiungi l'aglio tritato e cuoci per un altro minuto.
4. Aggiungi i pomodori a cubetti, il concentrato di pomodoro, l'origano secco, il basilico secco, il sale e il pepe. Fai sobbollire per 10-15 minuti, in modo che i sapori si fondano.
5. Mescola gli spaghetti cotti con le melanzane e la salsa di pomodoro.
6. Guarnisci con foglie di basilico fresco prima di servire.

350 kcal

30 minuti

difficoltà 2/5

vegetariano - NO vegano (contiene formaggio)

Tofu saltato in padella con verdure

Ingredienti:

- 400g di tofu, pressato e tagliato a cubetti
- 2 cucchiai di salsa di soia
- 1 cucchiaio di olio di sesamo
- 1 cucchiaio di amido di mais
- 1 cucchiaio di olio vegetale
- 2 spicchi d'aglio, tritati
- 250g di verdure miste affettate (come peperoni, broccoli e carote)
- Sale e pepe a piacere
- Cipolle verdi per guarnire

Istruzioni:

1. In una ciotola, sbatti insieme la salsa di soia, l'olio di sesamo e l'amido di mais fino a quando non saranno ben combinati.
2. Scalda l'olio vegetale in una padella o in un wok a fuoco medio-alto. Aggiungi l'aglio tritato e fallo soffriggere per un minuto finché non diventa fragrante.
3. Aggiungi i cubetti di tofu alla padella e soffriggili finché non diventano dorati e croccanti su tutti i lati.
4. Spingi il tofu su un lato della padella e aggiungi le verdure affettate. Soffriggi per qualche minuto fino a quando le verdure non saranno morbide e croccanti.
5. Versa la miscela di salsa di soia sul tofu e sulle verdure. Mescola bene per ricoprire tutto in modo uniforme.
6. Condisci con sale e pepe a piacere.
7. Guarnisci con le cipolle verdi e servi il tofu saltato in padella con le verdure caldo su riso o noodles.
8. Goditi questo saporito e ricco di proteine!

250 kcal

25 minuti

difficoltà 2/5

vegetariano - vegano

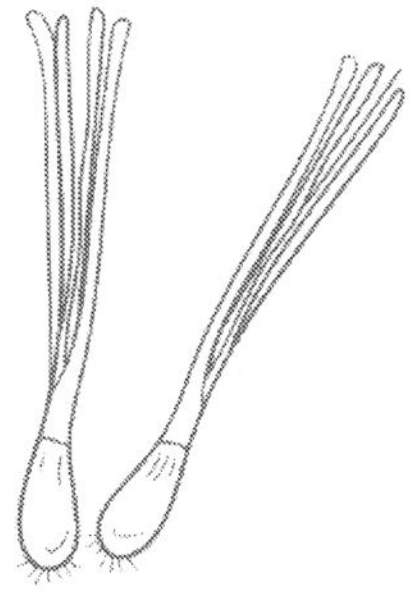

Chili di tacchino veloce

Ingredienti:

- 500 grammi di carne di tacchino tritata
- 1 cipolla, tritata
- 2 spicchi d'aglio, tritati
- 400g di fagioli rossi, scolati e risciacquati
- 400g di pomodori a cubetti
- 400g di concentrato di pomodoro
- 250g di brodo di pollo a basso contenuto di sodio
- 1 cucchiaio di peperoncino in polvere
- 1 cucchiaino di cumino
- 1/2 cucchiaino di paprika
- Sale e pepe a piacere

Istruzioni:

1. In una pentola grande o in un forno olandese, cuoci il tacchino macinato a fuoco medio fino a farlo rosolare. Scola il grasso in eccesso.
2. Aggiungi alla pentola la cipolla tritata e l'aglio tritato e fai cuocere fino a quando la cipolla non sarà traslucida.
3. Aggiungi i fagioli, i pomodori a cubetti, il concentrato di pomodoro, il brodo di pollo, il peperoncino in polvere, il cumino, la paprika, il sale e il pepe.
4. Porta il chili a ebollizione e lascialo cuocere per 15-20 minuti, in modo che i sapori si fondano.
5. Regola il condimento a seconda dei gusti.
6. Servi il chili di tacchino veloce ben caldo, guarnito con una guarnizione a scelta tra formaggio a scaglie, panna acida o cipolle verdi tritate.

300 kcal

30 minuti

difficoltà 2/5

NO vegetariano - NO vegano

Tilapia al forno con pangrattato all'aglio

Ingredienti:

- 4 filetti di tilapia
- 120g di pangrattato
- 2 spicchi d'aglio, tritati
- 2 cucchiai di parmigiano grattugiato
- 1 cucchiaio di prezzemolo fresco tritato
- 2 cucchiai di olio d'oliva
- Sale e pepe a piacere
- Fette di limone da servire

Istruzioni:

1. Preriscalda il forno a 200°C e fodera una teglia con carta da forno.
2. In una piccola ciotola, unisci il pangrattato, l'aglio tritato, il parmigiano, il prezzemolo tritato, l'olio d'oliva, il sale e il pepe. Mescola bene fino a quando tutti gli ingredienti non saranno uniformemente incorporati.
3. Posiziona i filetti di tilapia sulla teglia preparata. Cospargi la miscela di pangrattato sui filetti, premendo leggermente per farli aderire.
4. Cuoci nel forno preriscaldato per 12-15 minuti o finché il pesce non sarà cotto e il pangrattato non sarà dorato e croccante.
5. Togli dal forno e lascia riposare la tilapia al forno per qualche minuto prima di servirla.
6. Servi caldo con spicchi di limone da spremere sul pesce.

200 kcal

20 minuti

difficoltà 2/5

NO vegetariano - NO vegano

Riso integrale fritto con verdure

Ingredienti:

- 100g di riso integrale cotto, raffreddato
- 1 cucchiaio di olio vegetale
- 1 cipolla, tagliata a cubetti
- 2 spicchi d'aglio, tritati
- 1 carota, tagliata a cubetti
- 1 peperone, tagliato a cubetti
- 250g di piselli surgelati, scongelati
- 2 cucchiai di salsa di soia a basso contenuto di sodio
- 1 cucchiaio di olio di sesamo
- 2 cipolle verdi tritate (per guarnire)
- Sale e pepe a piacere

Istruzioni:

1. Scalda l'olio vegetale in una padella grande o in un wok a fuoco medio-alto.
2. Aggiungi alla padella la cipolla tagliata a dadini e l'aglio tritato. Soffriggi per qualche minuto finché la cipolla non diventa traslucida e l'aglio non è fragrante.
3. Aggiungi alla padella la carota e il peperone tagliati a dadini. Soffriggi per altri 2-3 minuti finché le verdure non saranno leggermente tenere.
4. Metti le verdure su un lato della padella e aggiungi il riso integrale raffreddato sull'altro lato. Rompi i grumi di riso con una spatola e soffriggi per qualche minuto per riscaldarlo.
5. Aggiungi i piselli scongelati, la salsa di soia a basso contenuto di sodio e l'olio di sesamo. Mescola bene per unire tutti gli ingredienti e ricoprire uniformemente il riso e le verdure.
6. Condisci con sale e pepe a piacere.

7. Guarnisci con cipolle verdi tritate e servi il riso integrale fritto con verdure caldo come pasto saporito e saziante.

300 kcal

25 minuti

difficoltà 2/5

vegetariano - vegano

Ciotola di pasta di soba vegana

Ingredienti:

- 180g di spaghetti di soba
- 2 cucchiai di salsa di soia
- 1 cucchiaio di aceto di riso
- 1 cucchiaio di olio di sesamo
- 1 cucchiaio di sciroppo d'acero
- 1 cucchiaino di zenzero grattugiato
- 1 spicchio d'aglio tritato
- 250g di verdure miste tagliate a fettine sottili (come peperoni, carote e piselli)
- 30g di coriandolo tritato
- 2 cipolle verdi, affettate
- Semi di sesamo per guarnire

Istruzioni:

1. Cuoci i noodles soba secondo le istruzioni della confezione. Scolali e sciacquali con acqua fredda.
2. In una piccola ciotola, sbatti insieme la salsa di soia, l'aceto di riso, l'olio di sesamo, lo sciroppo d'acero, lo zenzero grattugiato e l'aglio tritato per preparare il condimento.
3. In una ciotola capiente, unisci i noodles di soba cotti, le verdure miste tagliate a fette, il coriandolo tritato e le cipolle verdi affettate.
4. Versa il condimento sul composto di pasta e verdure. Mescola bene per ricoprire tutto in modo uniforme.
5. Guarnisci con semi di sesamo.
6. Servi la ciotola di spaghetti soba vegani al fresco o a temperatura ambiente per un pasto rinfrescante e saporito.

7. Goditi la combinazione di noodles, verdure croccanti e condimento piccante in questo soddisfacente piatto vegano!

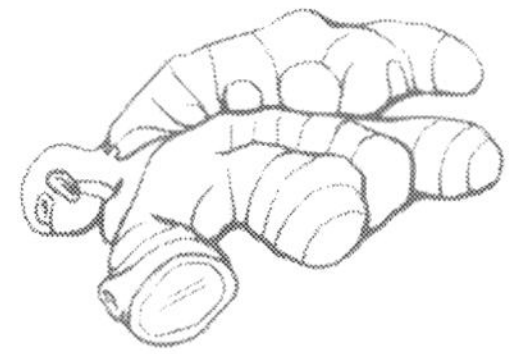

300 kcal

20 minuti

difficoltà 2/5

vegetariano - vegano

Spaghetti alla marinara

Ingredienti:

- 1 zucca da spaghetti
- 100g di salsa marinara
- 1 cucchiaio di olio d'oliva
- 2 spicchi d'aglio, tritati
- 1/2 cucchiaino di origano secco
- Una quantità a piacere di peperoncino
- Sale e pepe a piacere
- Foglie di basilico fresco per guarnire

Istruzioni:

1. Preriscalda il forno a 200°C.
2. Taglia gli spaghetti a metà nel senso della lunghezza e rimuovi i semi.
3. Metti le metà della zucca su una teglia da forno, con il lato tagliato verso l'alto. Irrorale con olio d'oliva e cospargile con aglio tritato, origano secco, peperoncino, sale e pepe.
4. Arrostisci gli spaghetti nel forno preriscaldato per 40-50 minuti o fino a quando la polpa è tenera e si separa facilmente in fili con una forchetta.
5. Lascia raffreddare la zucca per qualche minuto, poi usa una forchetta per raschiare la polpa e ottenere dei fili simili a spaghetti.
6. Scalda la salsa marinara in una casseruola a fuoco medio fino a quando non si sarà riscaldata.
7. Servi gli spaghetti di zucca con una generosa porzione di salsa alla marinara.
8. Guarnisci con foglie di basilico fresco per aggiungere freschezza e sapore.

9. Goditi questa alternativa sana e a basso contenuto di carboidrati ai tradizionali piatti di pasta!

200 kcal

60 minuti

difficoltà 2/5

vegetariano - vegano

Pollo e verdure saltate in padella

Ingredienti:

- 2 petti di pollo disossati e senza pelle, tagliati a fette
- 2 cucchiai di salsa di soia
- 1 cucchiaio di salsa di ostriche
- 1 cucchiaio di amido di mais
- 1 cucchiaio di olio vegetale
- 1 cipolla, tagliata a fette
- 1 peperone, tagliato a fette
- 250g di cimette di broccoli
- 250g di piselli secchi
- 2 spicchi d'aglio, tritati
- 1 cucchiaino di zenzero grattugiato
- Sale e pepe a piacere
- Riso o pasta cotta per servire

Istruzioni:

1. In una piccola ciotola, sbatti insieme la salsa di soia, la salsa di ostriche e l'amido di mais per creare una salsa.
2. Scalda l'olio vegetale in una padella grande o in un wok a fuoco medio-alto.
3. Aggiungi i petti di pollo tagliati a fette alla padella e soffriggi fino a quando non saranno cotti. Rimuovi il pollo dalla padella e mettilo da parte.
4. Nella stessa padella, aggiungi la cipolla tagliata a fette, il peperone, le cimette di broccoli, i piselli, l'aglio tritato e lo zenzero grattugiato. Soffriggi per qualche minuto fino a quando le verdure non saranno croccanti e tenere.
5. Riporta il pollo cotto in padella e versa la salsa sul pollo e sulle verdure. Mescola bene per ricoprire tutto con la salsa.

6. Cuoci per un altro minuto o due finché la salsa non si addensa e ricopre il pollo e le verdure.
7. Condisci con sale e pepe a piacere.
8. Servi il pollo e le verdure saltate in padella con riso o noodles cotti per un pasto completo e soddisfacente.

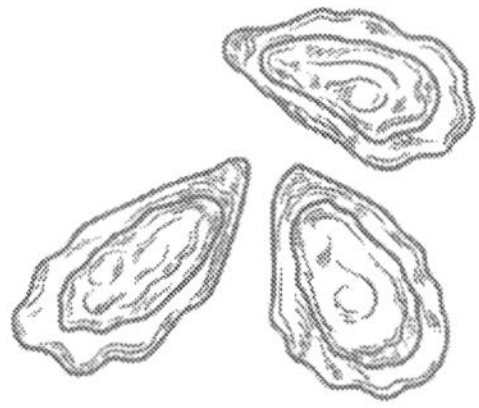

300 kcal

25minuti

difficoltà 2/5

NO vegetariano - NO vegano (può essere preparato con tofu o un sostituto proteico a base vegetale)

Patate dolci al forno con guarnizione di guacamole

Ingredienti:

- 2 patate dolci medie
- 1 avocado maturo
- 1 cucchiaio di succo di lime
- Una quantità a piacere di aglio in polvere
- Una quantità a piacere di cumino
- Sale e pepe a piacere
- Coriandolo tritato per guarnire

Istruzioni:

1. Preriscalda il forno a 200°C.
2. Buca le patate dolci più volte con una forchetta e disponile su una teglia da forno.
3. Cuoci le patate dolci nel forno preriscaldato per 45-60 minuti o fino a quando saranno tenere e potranno essere facilmente bucate con un coltello.
4. Mentre le patate dolci cuociono, prepara il guacamole. Schiaccia l'avocado in una ciotola e aggiungi il succo di lime, l'aglio in polvere, il cumino, il sale e il pepe fino a quando non saranno ben combinati.
5. Una volta che le patate dolci sono pronte, toglile dal forno e lasciale raffreddare leggermente.
6. Apri a fette ogni patata dolce e sprimaccia la polpa con una forchetta.
7. Distribuisci il composto di guacamole sulle patate dolci e guarnisci con il coriandolo tritato.
8. Servi le patate dolci al forno con guacamole come pasto nutriente e soddisfacente.

250 kcal

60 minuti

difficoltà 2/5

vegetariano - vegano

Abbiamo presentato una raccolta di 30 ricette per cene veloci, sane e gustose che possono essere preparate in soli 10 minuti. Queste ricette offrono una vasta gamma di sapori e ingredienti per soddisfare le varie preferenze alimentari e fornire un pasto equilibrato e nutriente. Incorporando queste ricette nella tua pianificazione dei pasti, potrai godere dei benefici di cene fatte in casa che non solo sono convenienti, ma favoriscono anche la tua salute e il tuo benessere generale. Grazie a queste ricette nutrienti e che fanno risparmiare tempo, puoi facilmente rendere le cene deliziose e salutari parte della tua routine quotidiana.

SPUNTINI SANI E SPUNTINI CHE BLOCCANO LA FAME

Il ruolo degli spuntini in una dieta sana

Gli spuntini hanno un ruolo fondamentale nel mantenere una dieta sana ed equilibrata, nel fornire nutrimento e nel sostenere i livelli di energia durante la giornata. È fondamentale capire l'importanza degli spuntini per favorire il benessere generale e fare scelte alimentari consapevoli.

Uno dei vantaggi principali dell'integrazione degli spuntini nella tua routine quotidiana è la loro capacità di aiutare a gestire la fame. Quando i pasti sono distanziati di diverse ore, gli spuntini colmano il divario e prevengono la fame eccessiva, che può portare a mangiare troppo o a fare scelte alimentari poco salutari. Con uno spuntino sano tra un pasto e l'altro, puoi stabilizzare i livelli di zucchero nel sangue, mantenere i livelli di energia e prevenire i cali di energia che possono influire sulla produttività e sulla concentrazione.

Gli spuntini offrono anche l'opportunità di aumentare l'assunzione di nutrienti importanti. Scegliendo opzioni ricche di nutrienti, come frutta, verdura, cereali integrali, proteine magre e grassi sani, gli spuntini possono contribuire a soddisfare il fabbisogno nutrizionale giornaliero. Ad esempio, uno spuntino ricco di fibre, come le verdure crude con l'hummus, può favorire la salute dell'apparato digerente e dare un senso di sazietà.

Inoltre, gli spuntini possono essere un modo per includere ulteriori porzioni di frutta e verdura nella tua dieta. I bastoncini di frutta o verdura fresca abbinati a una salsa ricca di proteine, come lo yogurt greco o il burro di noci, non solo forniscono vitamine e minerali essenziali, ma aggiungono anche varietà e sapore alla tua routine di spuntini.

Quando si scelgono gli spuntini per la giornata lavorativa, è importante scegliere opzioni facili da preparare, portatili e che richiedano una refrigerazione minima o nulla. Questo garantisce praticità e accessibilità, consentendoti di gustare uno spuntino nutriente anche quando sei impegnato.

Esploreremo anche una selezione di idee per spuntini veloci e salutari, adatti alla giornata lavorativa. Questi spuntini sono studiati per fornire un equilibrio di macronutrienti e offrire una combinazione di sapori e consistenze che soddisfano la voglia di mangiare e ti mantengono in forma per tutta la giornata. Scopriamo le opzioni di spuntini deliziosi e salutari che ti aspettano!

Ricette di spuntini fatti in casa

Barrette di granola alla nocciola

Ingredienti:

- 250g di fiocchi d'avena
- 60g di noci a scelta (mandorle, noci o anacardi), tritate
- 60g di frutta secca (come uvetta, mirtilli rossi o datteri a pezzetti)
- 60g di miele o sciroppo d'acero
- 60g di burro di mandorle o di arachidi
- 1 cucchiaino di estratto di vaniglia

Istruzioni:

1. Preriscalda il forno a 175°C e fodera una teglia con carta da forno.
2. In una grande ciotola, unisci l'avena, le noci tritate e la frutta secca.
3. In un piccolo pentolino, riscalda a fuoco basso il miele o lo sciroppo d'acero, il burro di mandorle o di arachidi e l'estratto di vaniglia fino a quando si saranno sciolti e ben amalgamati.
4. Versa il composto umido sugli ingredienti secchi e mescola fino ad ottenere un rivestimento uniforme.
5. Trasferisci il composto nella teglia preparata e premi con decisione.
6. Inforna per 15-20 minuti o fino a quando non saranno dorati.
7. Lascia raffreddare completamente le barrette di granola prima di tagliarle a barrette o a quadratini.

150 - 200 kcal

30 minuti

difficoltà 2/5

vegetariano - NO vegano (Può essere reso vegano utilizzando sciroppo d'acero al posto del miele)

Semifreddo di frutta fresca e yogurt

Ingredienti:

- 250g di yogurt greco
- 250g di frutti di bosco freschi misti (come fragole, mirtilli e lamponi)
- 60g di granola o muesli
- 2 cucchiai di miele o sciroppo d'acero (facoltativo)

Istruzioni:

1. In un bicchiere o in una ciotola, metti a strati yogurt greco, frutti di bosco freschi e granola o muesli.
2. Condisci con miele o sciroppo d'acero, se lo desideri, per aggiungere dolcezza.
3. Ripeti gli strati fino a utilizzare tutti gli ingredienti.
4. Servi subito o conserva in frigorifero per un secondo momento.

200 - 250 kcal

5 minuti

difficoltà 1/5

vegetariano - NO vegano (Può essere reso vegano utilizzando uno yogurt a base vegetale e togliendo il miele)

Chips di cavolo al forno

Ingredienti:

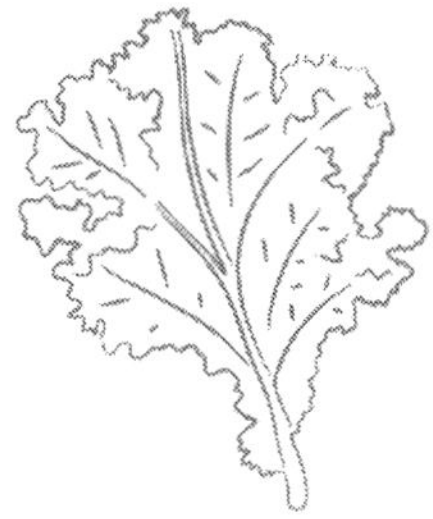

- 1 mazzo di cavolo riccio, privato dei gambi e con le foglie tagliate a pezzetti
- 1 cucchiaio di olio d'oliva
- Sale e pepe a piacere

Istruzioni:

1. Preriscalda il forno a 175°C e fodera una teglia con carta da forno.
2. In una ciotola, fai saltare le foglie di cavolo con olio d'oliva, sale e pepe fino a quando non saranno uniformemente ricoperte.
3. Distribuisci le foglie di cavolo in un unico strato sulla teglia preparata.
4. Inforna per 10-15 minuti o finché i bordi non saranno croccanti.
5. Togli dal forno e lascia raffreddare prima di servire.

50 - 100 kcal

20 minuti

difficoltà 2/5

vegetariano - vegano

Guacamole veloce con carote baby

Ingredienti:

- 2 avocado maturi, sbucciati e snocciolati
- 1 pomodoro piccolo, tagliato a cubetti
- 60g di cipolla rossa, tritata finemente
- 1 spicchio d'aglio tritato
- Succo di 1 lime
- Sale e pepe a piacere
- Carote baby da servire

Istruzioni:

1. In una ciotola, schiaccia l'avocado con una forchetta fino a renderlo omogeneo.
2. Aggiungi il pomodoro a cubetti, la cipolla rossa tritata, l'aglio tritato, il succo di lime, il sale e il pepe. Mescola bene.
3. Regola il condimento a seconda dei gusti.
4. Servi il guacamole con le carote baby da intingere.

150 -200 kcal

10 minuti

difficoltà 1/5

vegetariano - vegano

Toast alla banana e burro di mandorle

Ingredienti:

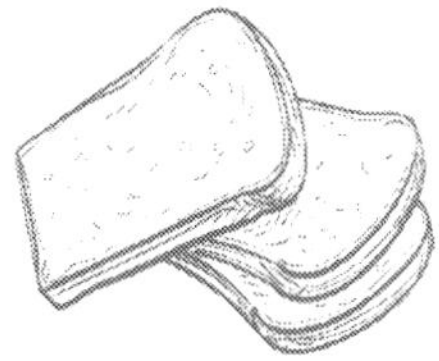

- 1 fetta di pane integrale, tostato
- 1 banana matura, tagliata a fette
- 1 cucchiaio di burro di mandorle
- 1 cucchiaino di miele o sciroppo d'acero (facoltativo)

Istruzioni:

1. Spalma il burro di mandorle in modo uniforme sul pane tostato.
2. Disponi le fette di banana sopra il burro di mandorle.
3. Condisci con miele o sciroppo d'acero, se lo desideri.
4. Goditi un delizioso toast alla banana e burro di mandorle!

200 -250 kcal

5 minuti

difficoltà 1/5

vegetariano - vegano

Bastoncini di verdure e hummus

Ingredienti:

- 250g di ceci, scolati e sciacquati
- 2 cucchiai di olio di semi di girasole
- 2 cucchiai di succo di limone
- 1 spicchio d'aglio tritato
- 2 cucchiai di olio d'oliva
- Sale e pepe a piacere
- Bastoncini di verdure assortite (carote, cetrioli, peperoni) da servire

Istruzioni:

1. In un robot da cucina, unisci i ceci, il olio di semi di girasole, il succo di limone, l'aglio tritato, l'olio d'oliva, il sale e il pepe.
2. Frulla fino a ottenere una consistenza liscia e cremosa, aggiungendo un po' d'acqua se necessario per raggiungere la consistenza desiderata.
3. Assaggia e aggiusta il condimento come desideri.
4. Trasferisci l'hummus in una ciotola e servilo con i bastoncini di verdure.

150 -200 kcal

10 minuti

difficoltà 2/5

vegetariano - vegano

Yogurt greco con miele e noci

Ingredienti:

- 250g di yogurt greco
- 1 cucchiaio di miele
- Noci assortite (come mandorle, noci o pistacchi), tritate

Istruzioni:

1. In una ciotola, versa lo yogurt greco.
2. Distribuisci il miele sullo yogurt.
3. Cospargi di noci tritate.
4. Mescola il tutto, oppure gusta gli strati separatamente.

150 - 200 kcal

5 minuti

difficoltà 1/5

vegetariano - NO vegano

Frullato di frutti di bosco e avena

Ingredienti:

- 250g di frutti di bosco misti (come fragole, mirtilli, lamponi)
- 1 banana matura
- 120g di avena
- 250g di latte di mandorla o del latte che preferisci
- 1 cucchiaio di miele o sciroppo d'acero (facoltativo)

Istruzioni:

1. Metti nel frullatore i frutti di bosco misti, la banana, l'avena, il latte di mandorla e il miele o lo sciroppo d'acero (se lo usi).
2. Frulla fino a ottenere un composto omogeneo e cremoso.
3. Versa in un bicchiere e goditi il rinfrescante e nutriente frullato di bacche e avena.

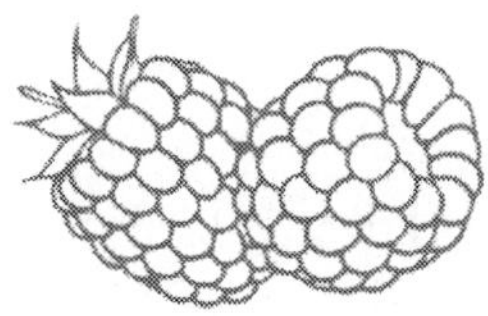

200 - 250 kcal

5 minuti

difficoltà 1/5

vegetariano - vegano

Coppe di semi di chia e frutti di bosco

Ingredienti:

- 2 cucchiai di semi di chia
- 250g di latte di mandorla o del latte che preferisci
- 1 cucchiaio di miele o sciroppo d'acero
- 250g di frutti di bosco misti (come mirtilli, lamponi e fragole)
- Foglie di menta fresca per guarnire (facoltativo)

Istruzioni:

1. In un barattolo o contenitore, unisci i semi di chia, il latte di mandorla e il miele o lo sciroppo d'acero.
2. Mescola bene per amalgamare tutti gli ingredienti.
3. Copri il barattolo e mettilo in frigo per almeno 2 ore o per tutta la notte, in modo che i semi di chia assorbano il liquido e formino una consistenza simile a un budino.
4. Nei bicchieri da portata, disponi il budino di semi di chia e i frutti di bosco misti.
5. Guarnisci con foglie di menta fresca, se lo desideri.
6. Goditi le deliziose e nutrienti coppe di semi di chia e frutti di bosco.

150 - 200 kcal

10 minuti (più il tempo di raffreddamento)

difficoltà 1/5

vegetariano - vegano

Ceci arrostiti con spezie

Ingredienti:

- 420g di ceci, scolati e sciacquati
- 1 cucchiaio di olio d'oliva
- 1 cucchiaino di cumino macinato
- 1/2 cucchiaino di paprika
- 1/2 cucchiaino di aglio in polvere
- 1/2 cucchiaino di peperoncino in polvere
- Sale fino a piacere

Istruzioni:

1. Preriscalda il forno a 200°C.
2. Asciuga i ceci con un panno da cucina o un tovagliolo di carta per eliminare l'umidità in eccesso.
3. In una ciotola, fai saltare i ceci con olio d'oliva, cumino macinato, paprika, aglio in polvere, peperoncino in polvere e sale.
4. Distribuisci i ceci conditi in un unico strato su una teglia da forno.
5. Arrostisci nel forno preriscaldato per circa 20-25 minuti o finché i ceci non saranno croccanti e dorati, scuotendo la padella di tanto in tanto per ottenere una doratura uniforme.
6. Toglili dal forno e lasciali raffreddare prima di gustare i saporiti ceci arrostiti.

150 - 200 kcal

10 minuti (più il tempo di raffreddamento)

difficoltà 2/5

vegetariano - vegano

Questi spuntini fatti in casa offrono una gamma di sapori, consistenze e sostanze nutritive per darti energia e soddisfazione durante la giornata. Che tu preferisca qualcosa di dolce o di salato, c'è un'opzione di spuntino per tutti. Goditi queste ricette e sentiti libero di modificarle in base alle tue preferenze di gusto e alle tue esigenze alimentari. Gli spuntini possono essere una parte sana e piacevole della tua routine quotidiana, in quanto forniscono nutrimento e favoriscono il benessere generale.

MANTENERE UNO STILE DI VITA SANO OLTRE LA CUCINA

Mantenere uno stile di vita sano va oltre la semplice alimentazione. Comprende un approccio olistico che affronta vari aspetti del nostro benessere. Analizziamo l'importanza di prenderci cura del nostro corpo e della nostra mente al di là della cucina ed esploriamo diverse strategie per incorporare l'attività fisica, gestire lo stress, praticare l'autocura e dare priorità al sonno e all'idratazione.

L'importanza di un approccio olistico alla salute e al benessere:

a. **Connessione mente-corpo:** La nostra salute fisica è strettamente legata al nostro benessere mentale ed emotivo. La connessione mente-corpo riconosce che i nostri pensieri, emozioni e convinzioni possono influenzare la nostra salute fisica e viceversa. Nutrendo entrambi gli aspetti, possiamo raggiungere un benessere ottimale.

b. **Benessere globale**: Un approccio olistico alla salute e al benessere prende in considerazione le varie dimensioni della nostra vita, tra cui il benessere fisico, mentale, emotivo, sociale e spirituale. Riconosce che il vero benessere si ottiene trovando un equilibrio in tutte le aree della nostra vita.

c. **Focus preventivo:** L'adozione di un approccio olistico enfatizza le cure preventive piuttosto che il semplice trattamento di sintomi o malattie. Adottando misure proattive per mantenere la nostra salute generale, possiamo ridurre il rischio di sviluppare malattie croniche e migliorare il nostro benessere a lungo termine.

d. **Approccio personalizzato:** La salute olistica riconosce che le esigenze e le preferenze di ognuno sono uniche. Incoraggia gli individui a esplorare diverse pratiche e tecniche per trovare ciò che funziona meglio per loro. Questo approccio personalizzato consente agli individui di appropriarsi della propria salute e di fare scelte informate.

e. **Miglioramento della qualità della vita:** Quando diamo priorità al nostro benessere olistico, sperimentiamo miglioramenti nella qualità della nostra vita. Abbiamo più energia, maggiore chiarezza mentale, maggiore resilienza e un maggiore senso di realizzazione e di scopo. Curando tutti gli aspetti del nostro benessere, possiamo vivere al meglio la nostra vita.

f. **Abitudini sostenibili:** Un approccio olistico promuove l'adozione di abitudini sostenibili che possono essere mantenute a lungo termine. Incoraggia le persone a trovare gioia nel nutrire il proprio corpo, nel praticare attività fisiche piacevoli e nel prendersi cura di sé. Rendendo queste abitudini parte del nostro stile di vita, creiamo le basi per una salute e un benessere duraturi.

Incorporando un approccio olistico alla salute e al benessere, possiamo coltivare uno stile di vita armonioso ed equilibrato che supporta il nostro benessere generale. Ciò include la cura della nostra salute fisica attraverso scelte alimentari nutrienti, un'attività fisica regolare, la gestione dello stress, l'attribuzione di priorità alla cura di sé e la garanzia di un sonno e di un'idratazione adeguati. Ricorda che i piccoli passi compiuti con costanza possono portare a significativi cambiamenti positivi nella nostra vita.

Incorporare l'attività fisica nelle routine quotidiane:

L'attività fisica è fondamentale per mantenere uno stile di vita sano anche al di fuori della cucina. L'esercizio fisico regolare non solo favorisce la gestione del peso, ma migliora anche la salute cardiovascolare, rafforza i muscoli e le ossa, migliora l'umore e aumenta il benessere generale. Ecco alcune idee per integrare l'attività fisica nella tua routine quotidiana:

a. **Dare priorità al movimento:** Cerca le occasioni per muoverti durante la giornata. Fai delle brevi passeggiate durante le pause, usa le scale invece dell'ascensore, oppure impegnati in un trasporto attivo andando in bicicletta o a piedi verso le destinazioni vicine. Anche piccoli momenti di attività possono contribuire alla tua forma fisica generale.

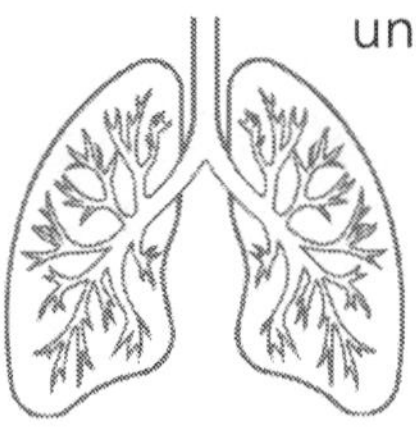

b. **Trova attività che ti piacciono:** Impegnati in attività fisiche che ti piacciono davvero. Può trattarsi di ballare, nuotare, andare in bicicletta, fare escursioni o praticare yoga. Quando scegli delle attività che ti piacciono, è più probabile che le seguirai a lungo termine.

c. **Stabilisci obiettivi realistici:** Stabilisci degli obiettivi raggiungibili che siano in linea con il tuo attuale livello di forma fisica e il tuo stile di vita. Aumenta gradualmente la durata e l'intensità dei tuoi allenamenti man mano che la tua forma fisica migliora. Fissare obiettivi realistici aiuta a mantenere la motivazione e a evitare di sentirsi sopraffatti.

d. **Incorporare l'allenamento della forza:** Inserisci nella tua routine esercizi di forza per costruire massa muscolare e migliorare la resistenza. Questo può essere fatto utilizzando bande di resistenza, pesi liberi o anche esercizi con il peso corporeo. L'allenamento della forza non solo aiuta la salute fisica, ma supporta anche la densità ossea e favorisce la forma fisica.

e. **Rendilo sociale:** Fai attività fisica con gli amici, la famiglia o partecipa a corsi di fitness di gruppo. Avere un sistema di supporto sociale può fornire motivazione e responsabilità e rendere l'esperienza più piacevole. Inoltre, può favorire un senso di comunità e migliorare il tuo benessere generale.

f. **Rimani attivo durante la giornata:** Cerca le opportunità per rimanere attivo anche durante le attività sedentarie. Usa le scrivanie in piedi o fai pause regolari per fare stretching e muoverti. Prendi in considerazione l'idea di incorporare esercizi leggeri o stretching mentre guardi la TV o durante le pause di lavoro.

g. **Mescolare:** La varietà è la spezia della vita, anche quando si tratta di attività fisica. Incorpora un mix di esercizi aerobici, esercizi di forza, esercizi di flessibilità e attività che mettano alla prova il tuo equilibrio e la tua coordinazione. In questo modo non solo si mantengono le cose interessanti, ma si riesce anche a coinvolgere diversi gruppi muscolari e a mantenere la forma fisica generale.

Ricorda che prima di iniziare un nuovo programma di esercizi è fondamentale consultare un professionista della salute o un istruttore di fitness qualificato, soprattutto se hai problemi di salute o preoccupazioni di fondo. Potranno fornirti una guida personalizzata e aiutarti a creare una routine di esercizi adatta alle tue specifiche esigenze e capacità.

Incorporando l'attività fisica nella tua routine quotidiana, puoi trarre i numerosi benefici dell'esercizio fisico e sostenere la tua salute e il tuo benessere generale. Che si tratti di una passeggiata al mattino, di una sessione di ballo in salotto o di un allenamento in palestra, trovare il modo di muovere il corpo regolarmente contribuirà al tuo percorso di benessere olistico.

Consigli per gestire lo stress e praticare la cura di se:

Nelle nostre vite frenetiche e impegnative, lo stress è diventato un compagno comune. Tuttavia, gestire lo stress è essenziale per il nostro benessere generale. Incorporare le pratiche di autocura nella nostra routine quotidiana può aiutare a ridurre i livelli di stress e a promuovere la salute mentale ed emotiva. Ecco alcuni consigli per gestire lo stress e praticare la cura di sé:

a. **Dai priorità alla cura di sé:** Fai in modo che la cura di te stesso sia una parte non negoziabile della tua routine quotidiana. Dedica del tempo alle attività che ti aiutano a rilassarti e a ricaricarti. Può trattarsi di leggere un libro, fare un bagno rilassante, praticare la mindfulness o la meditazione, dedicarsi a un hobby o semplicemente passare del tempo nella natura. Ricorda che la cura di sé non è egoistica, ma è un aspetto necessario per mantenere l'equilibrio e nutrire il tuo benessere generale.
b. **Pratica le tecniche per alleviare lo stress:** Esplora le diverse tecniche per alleviare lo stress che ti sono più congeniali. Gli esercizi di respirazione profonda, il rilassamento muscolare

progressivo, le immagini guidate o il journaling possono essere efficaci per ridurre lo stress e favorire il rilassamento. Trova ciò che funziona per te e incorporalo nella tua routine quotidiana, soprattutto durante i momenti di difficoltà o di sovraccarico.

c. **Stabilire dei limiti sani:** Impara a stabilire dei limiti e a dire di no alle attività o agli impegni che ti opprimono. È giusto dare priorità al tuo benessere e rifiutare le richieste che potrebbero aggiungere stress inutile o interrompere la tua routine di cura di te stesso. Dare la priorità a te stesso ti permette di mostrarti pienamente agli altri quando sei in uno stato mentale ed emotivo migliore.

d. **Fai attività fisica:** L'attività fisica non solo è benefica per la tua salute fisica, ma ha anche effetti positivi sul tuo benessere mentale ed emotivo. L'esercizio fisico regolare rilascia endorfine, che migliorano naturalmente l'umore. Trova delle attività che ti piacciono e rendile parte della tua routine. Che si tratti di fare una passeggiata, praticare yoga o ballare, muovere il corpo può aiutarti ad alleviare lo stress e a migliorare il tuo umore.

e. **Promuovi relazioni sane:** Circondati di persone positive e solidali che contribuiscono al tuo benessere generale. Coltiva le relazioni che ti portano gioia, ti forniscono supporto emotivo e incoraggiano la crescita personale. Connettersi con i propri cari e favorire i legami significativi può aiutare ad alleviare lo stress e a promuovere un senso di appartenenza e di connessione.

f. **Dare priorità al sonno:** Un sonno di qualità è fondamentale per gestire lo stress e mantenere il benessere generale. Stabilisci un programma di sonno regolare e crea un ambiente favorevole al sonno. Pratica una buona igiene del sonno, ad esempio evitando i dispositivi elettronici prima di andare a letto, creando una routine rilassante e assicurandoti che l'ambiente in cui dormi sia tranquillo, buio e confortevole. Dare la priorità al sonno permette al tuo corpo e alla tua mente di ricaricarsi e di affrontare meglio i fattori di stress quotidiani.

g. **Cerca supporto:** Se lo stress diventa opprimente o persiste nonostante i tuoi sforzi, non esitare a cercare supporto. Rivolgiti ad amici, familiari o a un professionista della salute mentale che possa fornirti guida e assistenza. Possono aiutarti a sviluppare strategie di coping efficaci e fornirti ulteriori strumenti per gestire lo stress in modo efficace.

Ricorda che la gestione dello stress è un processo continuo e ciò che funziona per una persona può non funzionare per un'altra. È importante esplorare diverse tecniche e trovare quella che più si adatta a te. La costanza e l'autocompassione sono fondamentali per affrontare il tuo percorso di gestione dello stress.

Approfondimenti sull'importanza del sonno e dell'idratazione per il benessere generale:

Dormire adeguatamente e rimanere correttamente idratati sono due fattori essenziali che contribuiscono al nostro benessere generale. Trascurare questi aspetti può avere effetti dannosi sulla nostra salute fisica, mentale ed emotiva. Ecco alcuni approfondimenti sull'importanza del sonno e dell'idratazione:

a. **Il potere del sonno di qualità:** Il sonno svolge un ruolo fondamentale per la nostra salute e il nostro benessere generale. È durante il sonno che il nostro corpo si ripara e ringiovanisce. La mancanza di sonno di qualità può portare a stanchezza, alterazione delle funzioni cognitive, indebolimento del sistema immunitario, disturbi dell'umore e aumento del rischio di patologie croniche. Cerca di dormire 7-9 ore ininterrotte ogni notte per permettere al tuo corpo e alla tua mente di riposare e rigenerarsi.

b. **Consigli per migliorare la qualità del sonno:** Stabilire un programma di sonno coerente, creare una routine rilassante per andare a letto e garantire un ambiente confortevole per il sonno sono fondamentali per migliorare la qualità del sonno. Evita gli stimolanti come la caffeina e i dispositivi elettronici prima di andare a letto, mantieni la camera da letto buia e silenziosa e pratica tecniche di rilassamento come la respirazione profonda o la lettura di un libro per aiutarti a calmare la mente prima di dormire. Dare priorità all'igiene del sonno può aiutarti a ottenere un sonno riposante e rigenerante.

c. **L'importanza dell'idratazione:** L'idratazione è essenziale per mantenere le funzioni corporee ottimali. L'acqua è coinvolta in numerosi processi all'interno del nostro corpo, tra cui la regolazione della temperatura corporea, l'aiuto alla digestione, il trasporto dei nutrienti e l'eliminazione delle tossine. La disidratazione può portare a stanchezza, mal di testa, vertigini, diminuzione delle funzioni cognitive e alterazione delle prestazioni fisiche. Cerca di bere almeno 8 bicchieri di acqua al giorno, regolando l'assunzione in base ai livelli di attività e ai fattori ambientali.

- **d. Strategie per mantenersi idratati:** Per garantire una corretta idratazione, porta con te una borraccia riutilizzabile per tutto il giorno come promemoria per bere acqua regolarmente. Infondi l'acqua con frutta o erbe per aggiungere sapore e renderla più invitante. Inoltre, consuma alimenti idratanti come frutta e verdura che hanno un alto contenuto di acqua. Fai attenzione ai fattori che aumentano il tuo fabbisogno di acqua, come l'attività fisica intensa, il caldo o le malattie, e regolati di conseguenza.
- **e. Sonno e idratazione:** La connessione: Il sonno e l'idratazione sono interconnessi e si influenzano a vicenda. La mancanza di sonno può influire sui livelli di idratazione dell'organismo, in quanto altera l'equilibrio ormonale che regola l'equilibrio dei liquidi. Allo stesso modo, la disidratazione può interferire con la qualità del sonno, causando disturbi del sonno e svegliandosi poco riposati. Dare la priorità a un sonno di qualità e a un'idratazione adeguata garantisce un funzionamento ottimale del corpo e della mente.

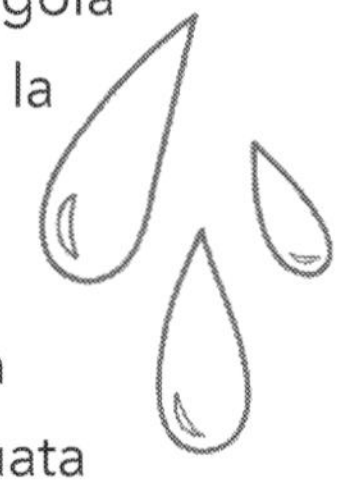

- **f. Stabilire abitudini sane:** Fai del sonno e dell'idratazione una priorità nella tua routine quotidiana. Stabilisci orari precisi per il sonno e la sveglia, crea un rituale per andare a letto che favorisca il rilassamento e assicurati di avere accesso all'acqua durante la giornata. Tieni un diario del sonno e dell'idratazione per monitorare i tuoi progressi e identificare eventuali schemi o aree di miglioramento. Con uno sforzo costante e un'attenzione consapevole, puoi stabilire abitudini sane che favoriscono il tuo benessere generale.

Riconoscendo l'importanza del sonno e dell'idratazione e mettendo in atto strategie per dare loro priorità, puoi migliorare le tue prestazioni fisiche e mentali, migliorare il tuo umore e sostenere i naturali processi di guarigione e rigenerazione del tuo corpo. Ricorda che piccoli cambiamenti possono avere un impatto significativo sul tuo benessere generale, quindi inizia oggi stesso a incorporare nella tua vita quotidiana sane abitudini di sonno e idratazione.

CONCLUSIONE

Giunti alla fine di questa straordinaria spedizione culinaria, vogliamo esprimerti il nostro più sentito apprezzamento per esserti unito a noi in questo viaggio nella cucina sana per persone impegnate. Nel corso di questo libro, abbiamo cercato di dimostrare che non è necessario trascorrere infinite ore in cucina per creare piatti deliziosi e nutrienti.

Fin dall'inizio, abbiamo esplorato l'essenza del cibo sano, sfatando miti e condividendo intuizioni sugli ingredienti che nutrono davvero il nostro corpo. Abbiamo dimostrato che la cucina sana non deve essere per forza complicata o dispendiosa in termini di tempo, presentandoti una serie di ricette facili e veloci, ricche di sapore.

Ma la nostra avventura non si è fermata alle sole ricette. Volevamo darti dei consigli pratici per fare la spesa e pianificare i pasti in modo intelligente, assicurandoti di sfruttare al meglio il tuo tempo e il tuo budget e di gustare pasti nutrienti. Siamo convinti che mangiare bene non debba comportare una spesa eccessiva e per questo ti abbiamo fornito una guida per trovare ingredienti economici e sfruttare al meglio le tue risorse.

Abbiamo anche capito che uno stile di vita sano va oltre il cibo che mangiamo. Ti abbiamo incoraggiato ad abbracciare l'attività fisica, trovando modi semplici per incorporare il movimento nella tua routine quotidiana. Abbiamo parlato dell'importanza di gestire lo stress e di prenderti cura di te stesso, perché il vero benessere non si limita a quello che c'è nel piatto. E non dimentichiamo il potere di un buon sonno e dell'idratazione: piccole abitudini che possono fare la differenza.

Infine, abbiamo celebrato la gioia dello spuntino e ti abbiamo proposto una raccolta di ricette di spuntini fatti in casa, deliziosi e salutari. Questi spuntini manterranno alti i tuoi livelli di energia e soddisferanno le tue voglie senza far deragliare i tuoi obiettivi di alimentazione sana.

Nel salutarti, vogliamo lasciarti con questa frase: la cucina non è solo un lavoro, ma un'opportunità di creatività e di espressione personale. Ci auguriamo che le ricette e i consigli condivisi in questo ebook ti abbiano ispirato a portare un tocco di magia nella tua cucina. Lascia che i profumi, i sapori e il calore della tua cucina creino momenti indimenticabili e nutrano il tuo corpo e la tua anima.

Grazie per aver intrapreso questo straordinario viaggio con noi. Che le tue avventure culinarie continuino a portarti gioia, buona salute e tanti ricordi felici intorno alla tavola.

Buon appetito!

Printed by Amazon Italia Logistica S.r.l.
Torrazza Piemonte (TO), Italy

52991496R00096